为什么我们总觉得自己不够好

如何建立持续、稳定的自我认同感

孙晶 著

江苏凤凰文艺出版社

图书在版编目（CIP）数据

为什么我们总觉得自己不够好 / 孙晶著. -- 南京：江苏凤凰文艺出版社, 2021.4
ISBN 978-7-5594-5467-6

Ⅰ.①为… Ⅱ.①孙… Ⅲ.①家庭教育 - 教育心理学 Ⅳ.①G78

中国版本图书馆CIP数据核字(2020)第241645号

为什么我们总觉得自己不够好

孙晶 著

责任编辑	李龙姣
策　　划	靳 凌
封面设计	李林寒
版式设计	姜 楠
出版发行	江苏凤凰文艺出版社
	南京市中央路 165 号，邮编：210009
网　　址	http://www.jswenyi.com
印　　刷	唐山富达印务有限公司
开　　本	880 毫米 ×1230 毫米　1/32
印　　张	8.5
字　　数	182 千字
版　　次	2021 年 4 月第 1 版
印　　次	2021 年 4 月第 1 次印刷
书　　号	ISBN 978-7-5594-5467-6
定　　价	42.00 元

江苏凤凰文艺版图书凡印刷、装订错误，可向出版社调换，联系电话025-83280257

自　序

时间的脚步从不停歇，分分秒秒从书角笔端滑落。

二十年来，我作为一个潜心聆听者，陪伴着数以千计的人走过成长路上的沼泽与沟壑。

心理发展越接近成熟，积累的成长问题就越凸显，也就越容易出现心理和行为问题。

回顾与分析多年来进行心理辅导的数千案例，发现在青春期阶段出现问题的孩子当中，自幼属于乖顺类型的占有相当高的比例，也就是通常所说的"好孩子""乖孩子"，反而更容易在成长中出现问题。

"乖孩子"的一般特点是敏感度高，情感丰富，很在意别人的看法和情绪反应，很少违拗父母和老师，凡事尽可能让别人满意，因为不愿意被批评而尽力不犯错误。如果是聪明、能力强的乖孩子，很容易成为家人的骄傲、老师的依仗和小小学生领袖。如果学习成绩、才艺、管理能力等方面均差强人意，而又和顺听话，则很少会受到关注，甚至被严重忽略。

无论是哪一种情况，乖顺的孩子因为长久的自我抑制，迟早都会出现或大或小的心理或行为问题。发展状态好的乖孩子容易在青春期自我意识迅速觉醒，在发展的过程中，受到自我意愿与外界因素互相矛盾的冲击，会出现很多自身难以解决的疑惑和矛盾，如果乏于应对会直接影响学业，甚至影响身心健康。而乖孩子往往依赖性强，自主能力差，离不开父母的指导与帮助，缺少必要的锻炼和考验，相对来说常常在小学阶段就会出现一些情绪和行为问题，但是大多问题因为对他人不会造成影响而被忽略，也因此得不到充分的关注和及时的帮助与引导，到了青春期很可能会出现严重的心理障碍或者行为偏差。

现代生活中，人们越来越重视科学的健康观念，其中心理健康更是健康的核心和灵魂。它不但影响着一个人的身体健康水平，还决定着人们对瞬息万变的社会环境的适应能力。对任何人而言，无论是学习还是工作，漫长的人生岁月中，良好的心理状态都是生活美满幸福的重要前提和有力保障。帮助孩子们营造健康的心理世界，是家长和老师不可推卸的责任。要完成这使命一样的引导任务并非易事，需要系统掌握科学的教育理念，了解孩子心理发展的一般规律，运用正确的教育方法；更需要一颗切实关爱孩子们成长的真心，一双善于发现问题的眼睛和一对能够听到异常声音的耳朵。同样的，成年人帮助自己完成内心的疗愈，也是拥有更美好人生的开端。

本书是我多年从事心理健康教育工作的倾心之作，我在丰富的案例储备中，选取了 16 个比较典型的通过压抑和改变自我来获得他人认同的案例，叙写为疗愈故事讲述给读者。同时，也给家庭教育和学校教育提出很多有价值的建议，以期促进家长和教师的反思与改变。只有家校共同努力，才能最大限度地预防孩子们出现严重的心理问题，帮助孩子们实现健康成长和顺利发展。

学校的个别心理辅导不同于心理咨询和心理治疗，后者是针对孩子们的成长问题和适应问题进行工作，既严格遵循心理助人者的职业道德和工作原则，又有很强的引导性和主动干预特点，其重要目标之一是预防障碍性问题的出现。同时心理教师还要作为出现障碍性问题的孩子可以运用的外部资源，配合其接受心理治疗和医学治疗，帮助和支持他们积极勇敢地面对自己的心理疾病，携手为患有心理疾病的孩子恢复身心健康而不懈努力。本书中的案例故事，将来源于长期实践的、理论与实际相结合的咨询心理学的基本技术和心理辅导的重要策略溶解到字里行间，可以为普教系统工作的心理教师提供借鉴和启发。

陪伴孩子成长并非易事，既需要持之以恒的信心、百折不挠的耐心，还需要善于观察和思考的慧心。成长之路无人可以替代，无论是父母还是老师，都无法牵着孩子们的手把他们安全地带过充满风险的成长之路，这条路必须由他们亲自去走。但这个过程中家长和老师并非束手无策，更不能冷眼旁观。家长和老师要了解孩子的特点，要给不同的孩子创设适宜的成长环境，要提供经验和建议，更要适时要求、评价和指引，同时告诉孩子们听取和接受建议与否，一直是由他们自己决定的，做出选择是他们自己的责任。无论在家庭还是在校园，一方面要让孩子们借由挫折获得勇敢坚强，一方面要避免可以避免的苦痛深伤。

前车之鉴，后事之师，预防的意义非同凡响。

而如果我们在成长的过程中遇到了问题却没有得到及时的校正与帮助，也不要放弃自己，因为自愈是一种更强大的治愈力。不要妄自菲薄，不要消极生活，要正视自己的问题，探寻问题的根源，不管是自我调节，还是借助外力，我们总能治愈自己。

书中提供了一些参考建议，希望我们共同努力，帮助那个曾受伤害还没痊愈的自己。

孙　晶

目录 CONTENTS

Part one　宁要高质量的独处，不要低质量的陪伴

阿德勒认为，我们无法脱离人际关系，每个人想要人格变得更为完整，不受人际关系困扰，就必须承担起属于自己的课题。敢于"被讨厌"，敢于不过分顺从，敢于活出有态度的自己，才能获得真正的自由和幸福。

故事一　不会拒绝的人没有朋友 *002*
故事二　有刺的才是玫瑰 *014*
故事三　不敢看她的眼睛 *029*
故事四　非同寻常的吸引力 *042*

Part two 被讨厌也没关系，不内卷的人生需要自我认同

阻止受伤、过度补偿、期望过高、强迫自己等，从来都不是可持续发展的成长方式。获得认可、尊重与自愈能力的重要途径之一，是永远做真实的自己。当我们对自己有足够的认同感时，就不会那么在意恶劣的外部环境了。

故事一 "妈宝男"的诞生与蜕变 ………………… *058*
故事二 全能高手的难言之隐 ……………………… *074*
故事三 小丫头竟然有两副面孔 ………………… *091*
故事四 "学神"的心理阴影 ……………………… *108*

Part three 学会善待自己，停止自我攻击

如果情绪与情感无法正常表达，人的攻击性就只能向内，而一旦开始自我攻击，就会产生很多问题。当所有的情绪与情感都有合理的宣泄与恰当的归处，就会降低我们向内或向外的攻击性，获得真正的情感自由。

故事一 为"情"所伤 ……………………………… *128*
故事二 "私奔"的青梅竹马 ……………………… *143*
故事三 六个房间 …………………………………… *160*
故事四 迟来的"中二病" ………………………… *176*

Part four　不顺从是被低估的习惯，很听话是被高估的美德

倪匡说，人类之所以有进步，是基于下一代不怎么听上一代的话。不过分顺从，才能有主见；不太听话，才能有创造力。强大有很多种，而每一种强大的最终落脚点，都是内心的安宁。学会充分且平等地应对种种好与坏，逐渐"脱敏"，改变容易焦虑、抑郁的内心，不再被细枝末节的事物左右，不再贪图别人的救赎，我们终有一天会变得坚不可摧。

故事一　裙子恐惧症 196
故事二　凡事都要哭一哭 212
故事三　阳光的人竟然偷偷写遗书 230
故事四　巴掌与抑郁症 247

后　记 261

Part one

宁要高质量的独处，
　不要低质量的陪伴

阿德勒认为，我们无法脱离人际关系，每个人想要人格变得更为完整，不受人际关系困扰，就必须承担起属于自己的课题。敢于"被讨厌"，敢于不过分顺从，敢于活出有态度的自己，才能获得真正的自由和幸福。

故事一
不会拒绝的人没有朋友

凌雨一直是一个和顺的女孩儿，如此可爱的女孩儿从小到大竟然只有一个朋友，而且性格与她十分迥异，她却倚赖多年。升入高中后，凌雨唯一的友情遭遇了危机，只因为她不知道如何表达自己的意愿，不会拒绝。

1. 焦灼不安的内心

凌雨读高中一年级，是我的学生。她所在的班级活泼好动的孩子多，心理辅导课总是上得热热闹闹的，而凌雨是那种容易被忽略的偏安静的类型，小组活动的时候常常躲在伙伴后面，即使轮到她发言也是声音小小的，话也不多。虽然小姑娘怯怯的，但是脸上总挂着清浅的笑容，看着很可人，让人不自觉心生怜惜，所以印象深刻。

一堂讨论友情的活动课，孩子们围绕"什么是真正的友情？什么样的人可以做长久的朋友？与好朋友相处应该注意些什么？"等问题讨论得热火朝天。我发现整堂课凌雨都比较疏离，好像一直置身事外，并且极为少见的，脸上没有了笑容。下课以后，我请几个孩子帮忙整理课堂材料，故意留下了凌雨，悄悄问她："凌雨，你是哪里不舒服吗？或者有什么不开心的事情？"

凌雨停顿了一会儿，沉了沉呼吸，抬起的眼睛中忽然有眼泪充盈，低声说："老师，我想预约一下个别辅导的时间。"

在说好的午间，凌雨如约而至，我笑着欢迎她，她却直说打扰老师很是抱歉。

坐在小小沙发里的她有些不安，身体端正，细瘦的双手紧紧相握，眉头紧锁，看着楚楚可怜。这种敏感又乖顺的孩子，生怕给别人添麻烦，不是碰到了比较大的烦恼，或者不是出于足够的信任，一般不会主动与人说起。

我问她："你是不是遇到了什么难题，讲给我听听可好？"

小姑娘低头吸了吸气，像是做了很大的决定一样，开始告诉我她的故事。

2. 触到暗礁的友谊

凌雨说那节讨论友情的课，揭开了自己掩藏很久的伤心。虽然她表面上装作不在意大家在说什么，却字字入耳，句句扎心。同学们说的好多话都像是讲给她听的，因此一时间不知所措。课堂上同学们分享了那么多和朋友们之间的故事，她很是羡慕。大家一起分析什么样的人可以做朋友，比如开朗乐观、真实自然、友好主动等等，她发现自己好像真的一条都不符合。

凌雨说其实自己很孤单,在班里是边缘化的存在,无法像其他同学那样自在随性地与别人相处。虽然她也很想融入这个充满快乐的集体,但是越用力接近,却好像距离大家越远。淤积多年的孤独和伤感汹涌而来,凌雨非常难过,她喃喃地问道:"老师,我似乎很少会被伙伴喜欢,一直很自卑,也总是自责,您说这会是我朋友稀少的原因吗?"

"凌雨,你刚刚用了'稀少'这个词,那是不是说你并非一个朋友都没有?"

凌雨说:"的确是有的,我从小到大就一个朋友,她叫虹,小学和初中都是同班同学,现在同校不同班了。"

"哦,虽然只有一个,却是很多年的朋友。那你们现在关系怎么样呢?"

凌雨的脸色忽然黯淡,低下头,眼泪一颗颗滴到扭在一起的双手上。我赶紧递过去纸巾盒,小姑娘咬了咬嘴唇,抬起头看着我,说:"老师,这是最可怕的,我只有这一个朋友,可是现在也出问题了,我也没有遇到新的朋友,这感觉太可怕了,好像整个世界就只剩下我一个人了……"

我走过去,轻轻抱着孩子抽搐着的瘦弱肩膀。孤寂的感觉竟然充满了这个每天微笑的女孩儿的内心,没有人可以感知,更没有人可以理解。我边安抚她,边轻轻地说:"你只有一个朋友,却发现连这段友谊也开始动摇,是不是既伤心又害怕啊?"

凌雨点头,努力控制情绪,擦了擦眼泪,说:"其实我很擅长掩藏真实的情绪，但这一次是太难受了，所以被老师发现了，如果老师不主动问我，我也不会来辅导室。"

"很多人都有烦恼，尤其是你这个年纪，所以几乎每一节课，我都会鼓励你们遇到难题要主动寻求帮助。你是太懂事了，不愿意麻烦别人，可是如果现在的问题不分析和处理，会变成更大的麻烦啊！如果你相信我，就给我一个机会，看看能不能帮到你。那咱们先来说说你和虹之间出现了什么问题。"

在我的鼓励下，凌雨开始给我讲事情的来龙去脉。

凌雨明确感觉到友情动摇，起于一件貌似不起眼的小事。那是刚升入高中不久的一天，轮到虹在班里做值日，她让凌雨等她一起回家，两人走出教学楼时天色已晚，凌雨忽然想起物理书忘在了教室，晚上写作业要用，就跟虹说必须回去取。当时教室门已经锁上了，得先去门卫借钥匙再回教学楼，比较折腾。于是虹有点儿不高兴，埋怨说："我做卫生都半个多小时了，你早干什么去了！我还有事儿急着回家呢，今天我妈过生日，要么你自己去拿吧！"说完虹就径直离开了学校。

独自走在灯光暗淡的楼道里，胆子很小的凌雨忘记了害怕，越想越生气，越委屈，忽然泪流满面，不明白两人之间为什么如此不平等，自己总得答应虹的要求，虹却很少顾及自己的感受。从那以后凌雨一直情绪低落，但是在虹面前还一如既往地笑脸相迎，答应她所有的事情，同时再也不向虹提出任何要求，尽管自己心里越来越难过。

那之后因为情绪糟糕，加上高中功课繁多，凌雨身心疲惫。在学校要装作若无其事，回到家里就蔫蔫的了，妈妈发现了她状态不好，问了问原因，虽然很少会和妈妈讲心里话，但因为太憋闷了就大概说了说。妈妈听了果然如往常一样不以为意，说这种小破事儿还值得上心，相处不愉快就别在一起玩儿了，高中功课紧张，也不在一个班，老是在一起耽误时间，应该在自己班里找个朋友，最好是学习上可以帮到自己的……

妈妈滔滔不绝，凌雨静默无声，从此在家里也要装作一切正常，再不和妈妈提及此事。那之后凌雨也试过主动和新同学友好相处，可总是觉得别扭，不知道该和同学们说什么，因为无法顺畅地表达自己的想法，班里的事情都无法介入，逐渐连参与的机会都很少。凌雨说越来越寂寞无助的日子里，每天最大的任务是逼着自己用笑容伪装。

3. 只有一个人陪我长大

"估算一下，你的这种状态已经持续快半年了，默默忍受这么久，心里该有多难过？"我问凌雨。

凌雨忽闪的睫毛下眼泪晶莹，"是啊老师，可是很久以来，我就是自己待着的时候偶尔会哭，从没在谁面前哭过。"她轻轻地说。

"是不是对你来说，虹太重要了？"

"当然啊！也就她这么一个朋友陪我长大。"

故事一
不会拒绝的人没有朋友

凌雨的话听着很心酸，我脑中不自觉地出现画面——场景不断变化，不变的是一个孤单的小女孩儿，跟在她小伙伴的后面，慢慢地走着。凌雨长大的过程，需要仔细地梳理，她不仅要学会怎么和朋友相处，更要学会怎么和自己相处。

连续一个月，每周在固定的时间，凌雨都会来见我，慢慢梳理和分析她的成长烦恼以及主要原因。凌雨在与人相处时最大的问题是不知道如何表达和坚持自己的想法，她是一个不会说"不"的孩子，无论是直接的言语表达，还是通过非言语信息传递，在拒绝上都存在一定的障碍。所以从很小的时候起，她在伙伴关系中就比较被动，还会时不时因此受欺负。一个偶然的机缘，她和性格与自己截然相反的虹成了朋友，从此获得了一个强大的外援。

虹是开朗活泼、风风火火的女孩儿，为人爽快，直来直去。小学三年级时凌雨总被班里的几个调皮男生捉弄，每天都哭，虹拔刀相助，教她怎么对付男生。可是凌雨总也学不会，虹索性就做了她的"保护人"，凌雨则成了虹的"影子"。两个孩子很有缘分，初中也是同班同学。

在两个女孩儿长达七年的友谊之中，虹一直是绝对的支配者，而凌雨始终是依附状态，像株小小的寄生植物，可是这棵植物有思想、有感情。小的时候自我意识发展水平低，心理需求有限，凌雨习惯事事迁就虹，很怕伤了和气，反正是好朋友，委曲求全也不觉得怎么样，两个孩子各取所需、相安无事。从升入初三以后，已经悄悄长大的凌雨就越来越不愿意被虹呼来喝去了，但是这么多年以来，凌雨就只有一个好朋友，她并不知道应该如何改变，也不敢有什么改变。

学习成绩都还不错的两个女孩儿考上同一所重点高中，但没有分到一个班，虹还抱怨怎么没能同班，凌雨说当时自己的内心竟然有小小的喜悦，终于不用和虹朝夕相处了，有一种如释重负的感觉。不曾想她发现自己除了虹以外，并不知道应该如何与其他伙伴相处，更不要说找到新朋友了，习惯使然，她还是要和虹捆绑在一起。

虹一直是个活跃分子，进入新的班级更是如鱼得水，阳光自信的样子经常扎入凌雨的内心。而且凌雨渐渐发现，虹常常是在需要自己陪伴时才会来找她，从不顾及凌雨的感受。殊不知，行为是相互塑造的，虹的霸道和随心所欲也是多年来凌雨一贯退让的结果。不对等的人际关系，迟早会因为严重失衡而出现裂痕，甚至断开。

为什么凌雨会只有一个朋友？如此擅长掩藏自己的内心，不懂得如何表达的个性特点，究竟是如何形成的？这些是我和凌雨讨论的重要问题。分析起来，原因是多方面的：首先是因为凌雨性格敏感、顺从，是典型的乖乖女，这样的特点原本就更重视别人的态度而非自己的感受。

其次，也是更重要的一点，在她整个成长过程中都没有得到相应的引导和训练，反而是叠加和助长。凌雨的性情比较像爸爸，妈妈是性格外向、比较强势的类型。而且爸爸的职业是海员，任职于远洋货轮，常常离家很久，父女俩很少有机会交流。因为妈妈工作也忙，所以凌雨是跟着爷爷奶奶长大的。他们认为小女孩儿就要稳稳当当，凌雨恬静隐忍的性格与此密切相关。

再者，凌雨进入青春期后，随着心理的不断成熟，对良好伙伴关系的需求程度也在逐渐增长，只有一个好友且长期处于被动状态的她内心压力很大。单一连接的伙伴关系很像走独木桥，安全感和存在感都低得可怜，也就没有资源和能量去建立新的伙伴关系。

4. 建立健康的友谊

在充分理解和接纳友情危机给自己带来的伤心、担心甚至恐惧之后，凌雨还要认识这些经历和体验的价值。成长的路上本就有很多困难和挫折，学会接纳、理解和面对这些困难和挫折，自己才会变得更强大。友情对每个人而言都很重要，如何获得真正的友情是一个值得很多人钻研的课题。

凌雨是聪慧的孩子，在倾谈过程中她很快就找到了自己在与他人相处过程中存在的最大弱点：过于关注别人的看法，不敢表达自己的意愿。这是所有问题的症结。发现问题到解决问题之间尚有很大距离，明白了道理之后，还要支持她勇于实践。有信心更要有耐心，不能太着急，毕竟是积累了很久的处事习惯，改变起来非一朝一夕可以完成。

澄清了问题之后，我们商定行动计划，决定先从优化她和目前自己唯一的好友虹的关系开始。重新评估与虹的友谊，凌雨确定自己对虹的不满由来已久，但是一味退让不仅仅是因为怕失去这唯一的伙伴，还因为自己缺乏拒绝别人的能力和勇气。回想之前种种，虹是个好女孩儿，非常善良，热心肠，虽然有时对自己很凶，但本意是好的，并且多年来一直护着自己，甚至在身体不舒服时还照顾自己，逗自己开心……这份友情对凌雨而言难能可贵。

凌雨给自己的行动计划做风险评估，其中评分最高的一项，也是她最大的顾虑，就是担心因为拒绝而惹虹不高兴，从而失去如此珍贵的一个朋友。我建议她运用逆向思维思考，凌雨发现如果一如既往，这份友情迟早也会出问题，而且不从现在开始训练自己，那永远也别想提高与人相处的能力了，于是下定决心施行命名为"友谊保卫战"的行动计划。

按照计划中制定的任务书，每周凌雨都会完成一到两项我们讨论好的实践任务。首先是准备活动，即尝试主动告诉别人自己的看法，比如在小组讨论时，和同学闲聊时，等等，这部分任务她完成得比较顺利。接下来才是重要环节，凌雨要尝试拒绝虹的一些要求。事先我们在辅导室中练习如何拒绝别人，比如注意语气要委婉，态度要真诚等。此外还做了情境分析，要考虑场合，还要循序渐进，从小事情开始，不能太突然，避免让对方感觉似乎是故意找别扭，等等。

一天放学后，凌雨忽然跑进办公室，红扑扑的小脸难掩兴奋，呼呼喘着气，笑盈盈看着我，伸出手掌说："老师来，击一下！"

那是我认识她以来看到的最真实最明媚的笑容。她告诉我就在当天中午，虹约她去书店买练习册，她终于鼓足勇气说自己不想去，因为下午外语测验需要复习，虹当时愣了一下，说小测验不算什么，就一起去吧。凌雨紧张死了，都不敢抬头看虹的脸，内心挣扎了一瞬还是拒绝了。紧接着又是一个令凌雨窒息的停顿，空气似乎都凝结了。终于，虹说好吧，虽然语气有点儿失望但并没生气，还祝她测验好运，说放学后再见。看着虹离开时的笑脸和背影,凌雨心里有说不出的轻松,原来说"不"并不如想象的那么难。

我鼓励凌雨坚持下去,直到建立起相对平衡的、尊重彼此独立空间的新的交往模式。在这个过程中,因打开内心的枷锁而越来越自信的凌雨,还在班里找到了新的朋友。真正的友谊是人与人之间至真至纯的情感,正确面对它,给它适当的营养和足够的尊重,必定会在漫漫人生中收获一处处美丽的风景。

那时候夏日的阳光已经炽烈起来,校园里绿树成荫,繁花似锦。暑假就快来了,凌雨报名参加了一个去英国的学访团,相信这个可爱的姑娘会越来越坚强,越来越快乐。

5. 写在后面

要允许每个人都持有和表达反对意见

对天性敏感顺从的人而言,训练其如何觉察自己的意愿,怎么表达自己的想法是非常重要的一环,然而这一点却往往被家长和老师忽略。成年人很容易欣然接受孩子的懂事和听话,默认他们就是打心眼儿里愿意按照大人的话去做。然而孩子是一个完整的生命个体,而且在不停地生长,不断地丰富。忽略他们内心的真实感受,会给孩子成长的脚步坠上无形的枷锁,成为他们发展的阻碍和健康成长的屏障。

"受气包"是培养出来的

很多校园欺凌事件中受伤害的孩子，都有胆小、软弱、顺从的性格特点，这些特点一方面是与生俱来的特质，另一方面是家庭教育甚至是学校教育的"成果"。

就凌雨的家庭而言，父母的性格差异很大，父亲在家庭教育中接近缺失，与父亲性格相近的凌雨得不到父亲的理解和支持。母亲性格急躁，比较强势，凌雨比较害怕妈妈，往往是希望得到帮助时反遭到一顿数落或者说教，所以放弃了这条很多孩子应该是首选的求助路径。

因为母亲工作繁忙，凌雨常常住在爷爷奶奶家，两位老人在宠爱孙女的同时，对她的生活细节和言谈举止等方面要求很严格，但是忽略了凡事有度，淑女性格并不是指不与人冲突，事事忍耐。一个本来就压抑自我的人，在这样的成长环境下很容易变得胆小脆弱，进入学校这样的社会环境中，受欺负、被忽略就会变得顺理成章。

适应能力的培养重于学业和成就

无论是学业成就还是事业成就，身心健康都是必须具备的前提条件。很多家长都将注意力放到孩子的学习上，默认孩子的状态很好，有时候无异于掩耳盗铃。

孩子再擅长掩饰，也还是会有所显露，可惜家人并没有发现他们的成长烦恼，更别说加以引导和支持。这也是为什么很多孩子出现了比较严重的心理和行为障碍后，家长却非常惊讶的原因，因为疏于观察和了解，并不知道自己的孩子竟然处于糟糕的状态已经那么久了。

一个 16 岁的女孩儿，因为看着挺开心，也没有影响到学习，哪怕极少能够顺畅表达自己的意愿，没有什么朋友，也不需要关注。然而人际交往是非常重要的社会适应能力之一，甚至可以说是生存能力的基础，如果不及时调整，在孩子未来的人生道路中会引发严重问题。

一个人的健康成长不能凭运气

凌雨在小学三年级时遇到了好朋友虹作为自己的保护伞，这个伞虽然小小的，但是足够让那时孤立无助的凌雨获得无比宝贵的安全感。就是这一点点难得的安全感牵着凌雨慢慢长大，度过风雨飘摇的青春期。凌雨内心成长得很不健康，危机四伏的时候碰巧被老师觉察到，以渐进适宜的方式走进孩子屏蔽已久的内心世界，陪伴和鼓励她勇敢改变，从这点看凌雨算是幸运的。

假设没有虹，没有心理辅导课呢？凌雨的成长恐怕就没有那么乐观了，所以家庭才真正是可以确保孩子健康成长的关键。

孤身一人时该如何自处

在人生的每一个阶段，我们都难免在某些时刻与他人疏远，或是自身原因，或是他人原因。当我们陷入孤独的境地，该怎么办呢？这种时候与其盲目地讨好他人、迁就他人来解决一时的孤独，不如高质量地独处，在没有陪伴的日子里沉淀自己，厚积薄发、悄悄拔尖，然后惊艳所有人。

故事二
有刺的才是玫瑰

雯雯像是妈妈培植的玫瑰花,在温室里安静乖顺地成长,进入初中后,因为学习和交往等问题与妈妈之间产生重重矛盾,对妈妈一切以学习为先的做法越来越排斥,矛盾日积月累,升入重点高中后终于爆发。雯雯不吵也不闹,就是不写作业,不肯上学。她认为妈妈只爱学习成绩不爱自己,于是以非暴力不合作的战略进行反击。

1. 妈妈的无奈

一个九月的清晨,与往常一样我很早就来到学校,因为极喜欢静谧校园中树叶与花影间跳动的晨光,以及漫散的令人心神爽悦的清新香气。

刚刚走到辅导中心的楼下,看见一个陌生的中年女子站在门前,左右张望,看到我走来,她神情局促,欲言又止。我笑着点头招呼:"您这么早!是不是有什么事情,需要帮助吗?"

"您好,我是学生家长,在这里等心理老师。"原来是找我的,我迅速打量她,偏瘦的身材,面容愁楚,晨风中凌乱的额发夹杂着灰白,显得苍老和孤单。看来又是一个遇到难题的妈妈,我不由得

故事二
有刺的才是玫瑰

暗暗叹了口气，请她和我一起上楼。

她一路不停寒暄，声音柔和，语速缓慢，带着明显的客气和小心翼翼。请她在辅导室的沙发上坐下，我问道："您找我是不是想说孩子的事情？"

空气忽然滞住，她刚刚礼貌周到的笑容快速转为不安和焦虑，嘴唇紧紧抵起，看得出来在用力压抑。迟疑了一会儿，她开始诉说，声音颤抖，想保持平稳但是很徒劳，焦灼的气息扑面而来。

她说女儿雯雯刚升入高中一个月，断断续续有两周没上学，担心无故缺课影响不好，所以她一直跟班主任请假说孩子身体不舒服，其实是不肯来。家里并没发生什么事，开学前的军训和入学培训都挺正常，没想到正式开学没几天，雯雯就说不想上学，跟她怎么讲道理都不理睬，软硬不吃，说不念书就真的不念了，再有几天就是高中第一次月考，雯雯说不参加考试。家里人急坏了，因为考上重点高中很不容易，再这样下去学业会彻底荒废。我猜测孩子是出现了心理问题，可是因为不想让班主任和学校知道这件事，所以一开始并没打算求助，应该是实在没办法了才偷偷来找心理老师。

雯雯妈妈情绪很激动，话没说几句便潸然泪下，我给她倒了杯热水，说："孩子刚上高中，出现这样的状况肯定会很焦心，问题出现一定有缘由，咱们慢慢梳理，不要太着急。"

在我的询问中，妈妈开始诉说有关孩子的基本情况，情绪渐渐平静。雯雯是父母结婚好几年后才出生的，所以一直被视如珍宝，虽然家境不富裕，但是孩子的吃穿用度，尤其是教育投入方面从来都不吝惜，无外乎是希望她能有出息，将来生活有保障。虽然对女儿宠爱，但各方面要求一直挺高，家教也很严格。雯雯性格内向，安静听话，家里人都觉得很好，小女孩儿就应该乖巧听话，所以一直不鼓励孩子参加和学习无关的事情，省得分心浮躁，因此从小到大雯雯的时间基本都用在学习上。雯雯不是很聪明，但是因为家长盯得紧，所以成绩一直还不错，小学、初中都在很好的学校读书，经过了艰苦的努力终于考上重点中学，很令家人欣慰和自豪，但没想到会发生这样的事情。

妈妈说雯雯小时候挺乖巧，很懂事，做什么事情都要先问问妈妈，和爸爸关系也很好，在外面话不多，在家里有说有笑，日子过得很舒心。雯雯升入初中后有一些变化，比小时候沉默了些，会时不时要求出去和同学玩儿，或者想买课外书、手机什么的，经过耐心劝说后都会放弃自己的想法。后来因为功课多，怕被打扰，常常自己待在房间里不出来。女孩子长大了，这些变化也正常，家里人没怎么当回事，妈妈还是像以前一样仔细照顾她，并严格督促她学习。

最近一段时间，雯雯像是变了一个人，以前那么爱学习，现在不但不来上学，在家里也不碰书本。家里有电脑，但是不能上网，因为怕她分心。开学后她让把网络连上，父母当然不能同意，于是她就看电视，什么节目都看。把电视关掉她也不说什么，就去睡觉，或者看杂志闲书，反正一点儿正事儿都不做。好好谈不管用，批评指责甚至骂她都是一副满不在乎的样子，有时候父母气得真想揍她一顿。父母没辙了，妈妈哭着求她来上学，也是无动于衷，这孩子好像中邪了，好好的忽然变成这个样。说着说着，雯雯的妈妈又是泣不成声。

2. 班主任的困惑

从妈妈那里了解到，雯雯对高中新的班级和老师非常满意，军训那阵子看着她心情挺好。开学初的家长会妈妈和班主任交流，老师还说雯雯很适应新集体，虽然不太活跃但是认真踏实，大家都很喜欢她。

雯雯究竟为什么不来上学，妈妈无法提供更有价值的信息，必须要见到孩子才能了解真相。但是就当时情况看，雯雯不会听从妈妈的安排来学校接受心理辅导，也许通过班主任老师能邀请到她。我对雯雯的妈妈说了自己的想法，需要她和班主任坦诚沟通，孩子的问题用躲和藏的方法并不明智，一定要先面对问题，才可能解决问题。

妈妈虽然还是心存疑虑，但是孩子一直不来上学实在是难以承受，于是同意跟班主任老师讲明实情，请求帮助。如果班主任老师也无法帮助孩子解开心结，就会建议她接受心理辅导，这是学校帮助遇到问题的孩子的常规程序，班主任老师都很有经验，学校也不会因为雯雯没来上学而批评处分孩子，所以不必担心。

大概一个星期之后，班主任找到我，说了解了雯雯的情况后 给孩子打电话做思想工作，结果她来了两天又不来了。班主任去家访，感觉到雯雯的家庭气氛特别压抑，爸爸表情很阴郁，不怎么说话，妈妈话比较多，没说几句话就开始哭。雯雯不像在学校时那么平静，显得特别不耐烦，问她为什么不能上学，只说爸爸妈妈管得太多了，很讨厌，所以不想上学。班主任建议雯雯的父母试着改变对孩子的态度，不再说教和责备，顺着她的性子，尽量满足孩子的要求，以此来缓和气氛，看看如何。结果也没好几天，雯雯连月考都没参加。

班主任感到困惑，雯雯在学校的表现一直挺好，虽然有些内向，但是与老师同学相处得都不错，从课堂反应和作业来看都挺正常，不来上学应该是家庭问题，但是具体原因始终不得而知。这期间班主任又找她谈过两次，道理讲了一大堆，孩子总是安静地听着，但是不起作用，找不到问题的症结，看来还是得接受心理辅导。班主任建议雯雯来找我谈谈，幸好孩子没拒绝，于是赶紧预约辅导时间。

3. 她的愤怒

雯雯很准时地走进辅导室。她身材高挑，气质很好，马尾辫一丝不乱，带着窄框眼镜，问好的语气礼貌而疏离，面容显得憔悴，可以感受到她的焦虑和疲倦。

我微笑着说："雯雯，很高兴见到你。"

她不置可否，敷衍着点了下头，自己选了靠窗的沙发坐下，四处巡视，神情淡然。这孩子最近没少被谈话，肯来见我多半是出于习惯执行指令，有抗拒和排斥的情绪都很正常。

"上高中一个多月啦，你过得怎么样，心情好吗？"我问她。

她歪过头看了我一眼，眼神中充满莫名其妙，短短叹口气，没说话，眼神转向窗外。

故事二
有刺的才是玫瑰

"那是不太好喽！听说你十几天没来上学，是哪里不舒服吗？"我的语言充满关切，语气比较轻松。这孩子很习惯控制情绪，要激她一下。

她果然有些不满，鼻子里哼了一下，明显没好气儿，停顿了一会儿，转过头发现我依然认真地看着她，等待她回答，便皱了皱眉，说："我妈妈不是都说了吗，您怎么会不知道！"语气很不友善。雯雯知道妈妈来找过我，这点很好，看来妈妈接受建议，没有再刻意隐瞒。

"你妈妈是来找过我，班主任也来过，都是因为你不上学，又无法帮助你，很担忧，而具体是怎么回事我更想知道你自己的想法。"开诚布公地说明情况，反而可以降低她内心的阻抗，她的神色有缓和，但是语气依然冰冷，说："我没有生病，不来上学也不学习，看电视、看闲书、睡大觉，当然过得很舒服。"

我轻轻摇摇头，说："雯雯，你从头到脚都在说，自己一点儿都不舒服。"

她的眼神终于落了下来："您怎么知道我的感受?!"语气中有不满和挑衅。

我给她解释看法何来。从了解到的信息完全能够确定雯雯一直是个做事认真、勤奋要强的孩子，不仅仅是妈妈的介绍，而且主要是班主任提到的她只要来到学校就会很认真地听课和写作业这个细节。而且从客观规律上讲，无论遇到什么情况，一个人固有的基本态度和习惯并不容易改变，对于一个原本重视学习的孩子来说，这么长时间不上学一定有原因，而且自己也会很着急、很难过，甚至很痛苦。

甚至可以猜想，在家里只是当着家人的面时不学习，自己一个人待着的时候一定会看书学习。

雯雯一副"你怎么会知道"的惊异表情，很可爱。转而皱起眉头，烦恼和愤怒纠结在一起，斗争了一会儿，一字一顿地说："老师您分析得对，我不是不爱学习，不上学是因为不想让妈妈得逞！"声音不大，但是语气恶狠狠的，小姑娘彻底暴露出自己的真实情绪。

"不上学是不让妈妈如愿吗？"停顿了一会儿，我问道。

雯雯皱着眉头，眼神阴郁，声调和语速都突然提升，连珠炮一样地说："这些天来很多人和我谈话，都说父母一片苦心要感恩什么的，好像我不上学很没有良心。其实妈妈给的根本不是什么恩情！妈妈太虚伪了，老是以爱我的名义给我套上枷锁，说自己付出很多只是为了我将来如何，其实是她只爱考试成绩，爱面子，而其他一切，包括我在内都没有意义，既然这样那我就偏不学习了！"小姑娘身体绷得紧紧的，愤怒又伤心。

雯雯的脸气得发红，眼中有泪，倔强地不肯让泪水流出来。我递过去纸巾，说道："不想让妈妈得逞的意思，是不是觉得妈妈不爱自己只爱分数？想通过不上学惩罚妈妈？妈妈一定是做了什么不对的事情才让你如此伤心。"她的眼泪终于掉落下来，没有哭泣的声音只有泪珠不停滑落。每当看到这样哭的孩子我就心疼不已，小小年纪得是多难过多压抑啊。我轻轻拍拍她的肩，不停递纸巾，等着她慢慢平复。

感觉到真正被理解的孩子，宣泄之后终于可以放松下来，她深深叹了口气，想说什么又不知道从何说起。我问她："是不是找不到太大的事情？"她点点头。我告诉雯雯，很多烦恼其实并不一定是多大的事情引发的，尤其是家庭生活中，小的不开心积累起来也有很大的破坏力，可以从自己记得的第一个不开心说起，要把所有不开心的事情都一件件讲完。

这样引导着，雯雯开始回忆从前的种种，无外乎是成长中的小生命需要阳光时得到的是雨水，需要雨水时得到的是暴晒，导致小小的花朵在成长的过程中毛刺渐生。

4. 逆反的由来

雯雯说妈妈看着很温和，其实特别固执，只要是她认为对的事情，一定会想尽办法达到目的。妈妈整天好像没别的事情做，就会管着自己，不许做什么，只能做什么，还总说多爱多爱自己，雯雯其实根本感受不到什么爱。远的不说，就说前不久军训结束后雯雯身体很不舒服，妈妈还让做那么多习题，说高中的知识难，很快就会有考试，要抓紧。班里好几个同学不舒服，都能休息调整一下再上学，自己并不是懒惰的孩子，可妈妈的态度好像是雯雯在装病一样，毫不关心，那会儿她忽然明白了，妈妈爱的只是分数，是名次，根本不在乎自己，如果学习不好自己可能都被遗弃了。当时她气得要命，所以不管妈妈同不同意，就不上学，就不让她满意。记得第一次不肯上学时，看到妈妈那么慌乱，无计可施，自己的心里很舒服。妈妈总是很担心，不停地讲道理，还哭。看到妈妈眼睛都哭红了，雯雯有点儿吓到了，转天去上学了，后来发现哭是妈妈的武器，只是为了达到她的目的，于是慢慢就熟视无睹了，甚至很鄙视。

雯雯说爸爸不爱说话，工作也忙，都是妈妈在管自己。小时候觉得妈妈很温和也很亲切，长大了就越来越觉得妈妈不是真的在乎自己。当时初中可以择校，雯雯以全A的优异成绩进入最好的初中，同学们都是从各校来的尖子生。开学后不久雯雯发现，班里很多同学不仅学习好，还多才多艺，自己什么特长也没有，很多活动都插不进去，有点儿落寞。雯雯身材高挑，四肢协调，小学时就被选到舞蹈队训练和演出，可是到了四年级时，妈妈因为排练与补习时间冲突了，就让雯雯退出舞蹈队，那会儿雯雯还小，不懂什么，都听妈妈的。可是到了初中才发现，当年真应该坚持下来。雯雯上初中的学校是健美操运动特色校，教练看中了她，让她加入，在征求家长意见的时候妈妈一口回绝。雯雯很不高兴，回家跟妈妈说想参加，妈妈苦口婆心讲了一大堆，什么初中竞争激烈啊，学习更重要什么的，还举了好多例子，反正是不让去。雯雯郁闷了一阵子，后来学习紧也就淡忘了。

之后还有很多类似的事情，参加学校的活动啦，竞选个社团负责人啦，只要是和学习没有关联的妈妈就不可能让雯雯参加。初中时同学们会利用休息日一起出去玩儿，妈妈从来不允许雯雯去。同学们都习惯用QQ群联络，妈妈也不让用，说不知道的事情妈妈可以打电话问老师，不需要问同学。雯雯想要手机方便联络，妈妈不给买，说耽误学习，况且妈妈每天都给雯雯送午饭，晚上放学接她回家，雷打不动，不需要联络。初二那年好说歹说买了电脑，但是不肯开通网络，跟没买一个样。自己除了学习什么也不知道，在班里像个傻瓜一样，难受死了。可每一次和妈妈说起这样的感受，总是引来一箩筐的说教，妈妈并不发火，只是碎碎念，令人厌烦，后来雯雯干脆就什么都不说了。

雯雯滔滔不绝地细数对妈妈的不满，沉在心里多年的积怨汨汨而出，我的脑海里不停地出现一个渴望挣脱出来，融入伙伴和现实生活的小女孩儿，和一个显得惊慌的，不停地把孩子拉回怀抱里的辛苦奔忙的妈妈，画风透着淡淡的无奈、徒劳甚至凄凉。

5."战争"和谈

应该是从来没有过如此畅快的控诉，雯雯说得有点儿累了，喝了一杯水，比之前平静很多。我问她："你真的认为妈妈根本不爱自己吗？的确是除了学习妈妈什么都不关心吗？"

她沉吟了一下，说："那倒也不是，别的事她也管，不过目的都一样，有时候装着对我好，也是想哄着我听她的话，好好念书，我不想要这样虚伪的母爱！"虽然依然坚持自己的看法，但雯雯的语气不那么冷硬了。

我换了个问题："就目前看，你不上学妈妈的确很着急，你惩罚妈妈的目的达到了，是吗？"

她点点头。"那你是否感觉开心呢?"我追问。

雯雯吸了口气,忽然委顿下去,像个泄了气的小皮球。我轻轻拍了拍她的肩膀,问:"是不是其实自己并不愿意这样做?不上学看起来不是个长久之计吧?"

她缓缓地点点头,说:"别人每天都上学,我自己在家里待着,闲得发慌。"

"你也没有都闲着吧,是不是也在学习,否则偶尔来上学不可能跟得上啊。"

雯雯偷偷笑了一下,说:"老师您还真聪明,的确,爸爸妈妈在的时候我就故意不学习,气他们。自己一个人的时候就赶紧看书写题,可是功课太难了,不是自学能应付得来的。"

"那不参加考试,是不是也是因为缺了很多课,所以心里没底,并不是真的拒绝考试呢?"雯雯无奈地皱了皱眉,点头承认。

其实走到这一步,雯雯进退两难,上学就惩罚不了妈妈了,而一直待在家里也不行,自己也不知道怎么办才好。洞悉她内心的这个纠结,我得到了雯雯彻底的信任,她主动问我应该怎么办才好,小眼神苦恼而又期待。

我们俩认真地讨论了一下,决定找个折中的办法,帮雯雯搭一个台阶。我建议雯雯:"你和妈妈定个协议,妈妈以后不再干涉你的学校生活,你继续来上学,如何?"

雯雯说:"当然好!可我很怀疑妈妈能否做到。"

"不试试怎么知道行不行。我和你妈妈沟通一下,然后咱们三方会谈,怎么样?"

故事二
有刺的才是玫瑰

约定了和解方案之后，雯雯如释重负。

之后我约见了雯雯的妈妈，把孩子的问题简要地反馈给她。妈妈听说女儿同意上学，激动地抓住我的手，说什么条件自己都答应。眼神中瞬间亮起的神采，分明是极爱孩子才会有的光芒。闲聊中我问了问妈妈为什么那么在意女儿的学业，妈妈叹了口气，说起一些往事。雯雯的外公外婆、爷爷奶奶去世得都比较早，自己和雯雯爸爸的身体也不太好，想来也不会有太长的寿命。孩子又生得晚，夫妻俩，尤其是自己，特别担心不能照顾女儿太久，每当想到留下女儿一个人在世上，就心痛如绞。唯一的办法就是要让女儿有能力，有本领，有地位，这样才能放心。听着妈妈的话，我的双眼不觉雾气升起。天下父母心，唯有为人父母后才能理解吧。

之后的工作难度不大，妈妈也在反省自己的教育方式不对，很可能适得其反，孩子的这次抗争让她心生恐惧。协议达成后雯雯没有再缺课。不久后我约雯雯聊天，问问她的功课以及家里的状态，她微笑着说都还不错。

"雯雯，咱们追加一个问题讨论一下，之前谈话的时候你说妈妈处处严苛地要求你其实是想达到她自己的目的，那妈妈的目的究竟是什么？"这是我找她的主要目的，良好的亲子关系并非制衡和妥协，而是理解和包容。

彻底平静下来的雯雯认真思考着这个问题，她承认妈妈其实一直都对自己非常好，说照顾得无微不至都不过分，单是每天风雨无阻地送午饭已经是太多家长做不到的，加上妈妈身体也不是太好，却从来没有因为自己不舒服让雯雯吃过一顿冷饭。如果说妈妈根本不爱女儿，就太没有良心了。

至于妈妈为什么那么关注雯雯的学习成绩，甚至不惜一切代价，这个得雯雯自己去问问妈妈。所以雯雯的家庭作业是了解一下妈妈真实的想法，这是多年来母女从未交谈过的话题。还有就是要想一想，妈妈的严苛教养，是否就真的一无是处。

之后见到雯雯，小姑娘还是腼腆，但是明显神清气爽了很多。她说和妈妈认真谈过，了解了父母的一些看法，也明白了他们的良苦用心。其实雯雯也挺感激妈妈，否则没有人约束，估计也考不上重点高中。虽然妈妈爱讲道理、爱碎碎念的毛病深入骨髓了，完全改掉根本不可能，但是自己想清楚了，不管怎么不满意，以不上学来应对代价太大了。我揉揉她的头发，给她大大的肯定。

父母之爱、赤子之心，最终还是要相互走近，彼此感知，别人帮不上太大的忙。

6. 写在后面

一个人的状态不会发生"突变"

一个人身上出现的所谓"突变"往往并不突然，必定有其原因，而且常常是日积月累而来，只是身边的人难以觉察，等到问题出现后又乱了方寸，不能理性分析，更做不到合理应对。

一向听话的孩子开始顶撞，一直努力的孩子开始懈怠，一贯勤快的孩子变得懒惰，一直开朗的孩子忽然沉默悲观……随着自我意识的觉醒和认知能力的发展，会使很多积累的问题以某种突然的变化表现出来，此时，身边的人必须稳住心神，不能单纯就事论事，要耐心加细心地找到根源。

欲速则不达

类似雯雯家的战争曾经在不少家庭里爆发，孩子长大了，有了自己的见解和看法，不像小时候那样任人摆布，常常会与父母产生矛盾和冲突。对很多家庭来讲，父母最为关注的就是孩子的学业，所以孩子们在与父母抗争时很容易以放弃学习作为武器。对很多家庭而言，孩子不肯上学是天大的事情，尤其是一直表现良好的孩子，忽然不肯上学家长更是难以接受，于是火急火燎地想尽一切办法，只要孩子肯背着书包去学校就行，结果往往因为不择手段，带来更加难以解决的问题。

反思是父母的成长力

当孩子出现强烈的厌学情绪甚至厌学行为时，父母一定要认真反思，仔细鉴别，一方面酌情调整自己的家教方式，给孩子起码的尊重和信任；另一方面要了解孩子的真实想法，到底是单纯的要挟，还是另有缘由。如果父母及早了解到这一点，了解孩子的真实心理需求，多给孩子些鼓励，就不会产生如此大的家庭问题。归根结底，父母对子女要予以充分的关注，在管好饮食起居，严格监督学习的同时还要加强沟通和交流，关注他们心灵的成长。

沟通是万用良药

雯雯的妈妈从来没有将自己的担忧告诉过女儿，怕她太小，吓到了就不好了。当然，妈妈也没有想到自己很多年来过于关注孩子的学业，忽略了她的心理需求随着年龄增长一直在发展和变化，会对雯雯的内心造成这么大的伤害。好在雯雯才刚刚上高一，而且是以不上学这种方式表现出来了，比真正出现心理障碍要好很多。

我建议雯雯的妈妈和女儿认真谈一谈，在没有尊重孩子意愿就替她做决定这样的事情上要跟孩子道歉。此外要知道社会适应能力比学习成绩更加重要，不应该阻拦孩子参加正常的社会实践活动，只会学习的孩子不但上高中时很难发挥出相应的水平，上大学后会更难适应，更别说成才了。

如何应对自己的突变

每种突如其来的变化都不是偶然，背后一定是日积月累的怨气和不被理解。发生这种情况时，非暴力不合作绝对不是一个解决问题的好办法，我们应该理清自己状况突变的原因，然后合理地表达自己的诉求，积极沟通，尽快调整状态，将负面影响降至最低。

故事三
不敢看她的眼睛

陈星不敢看一个女孩儿眼睛，后来发展成严重的对视恐惧。违背成长规律的桎梏要靠内心的力量打破，唯有走出令他惊惧不已的眼睛世界，才能重获自信和乐观。

1. 他不敢看我的眼睛

陈星第一次来找我是他刚上高一那年。九月初的一天中午，在面向高一全体学生的新生适应团体辅导结束后，我刚回到办公室，就看到一个身形偏瘦的男孩儿出现在辅导中心的门口，欲进不进。

"孩子，你是来找我的吗？"我径直走了过去，边走边问，逆光中只能看到他低垂着头，肩膀略略倾斜，双手交握在一起。

我来到近前，他瞬间抬了一下头，又再次低得更深，那是一张苍白清秀的面孔，但是捕捉不到眼神，像受惊的小鹿一样。

我轻声问他："看你的校服是高一的同学，遇到了什么问题吗？"

他的双手扭动了几下，支支吾吾地说："老师，我，我刚参加了新生的团体辅导活动，您说有烦恼可以来这里，我，我就是很苦恼，想找您谈一谈。"说话的整个过程，他一直都没有抬头。团体辅导才刚刚结束，这孩子就跑过来找我，从神态举止看，是鼓起很大勇气来的，估计是很困扰自己的问题。

"嗯好，那咱们进里面去谈谈吧！"我边说边给他指了指辅导室的方向，看他一直很紧张，就保持了一定的距离向前走，并提醒他要注意看路。我一直仔细观察他，从心理中心的大门到辅导室要经过一个阅览区，一路上他基本都是低着头，身体动作颇显拘谨，且很听话地注意看着路，不碰到途经的陈设物品，目光却从没有落到过我的身上。

请他坐到我侧面的沙发上，闲话了几句，帮助他放松一下："咱们学校的这个辅导中心有点儿像个小乐园，是学长学姐们经常来玩儿的地方，你们以后也会在这里上成长课。"

他不时点着头，不说话也不抬头。

"那么，请你介绍一下自己可以吗？"

他说自己叫陈星，毕业于一个郊区初中，说话声音不大，却很清晰悦耳，虽然还未变声完毕，但已经很有大男孩儿的质感。

我问陈星："你是遇到了什么样的难题呢？感觉你好像很困扰。"他没有回答，有一小段时间的静默，只听得到窗外芙蓉树上的蝉鸣。

停了一会儿，见他仍旧不肯说话也不肯抬头，我语气更加温和地问道："是什么事儿会令你这么苦恼呢？是不容易讲出来吗？"陈星依旧低着头不说话，身体有些僵硬。

"你是觉得紧张吗？我发现你很少抬头看着我讲话。"

他坐得很辛苦的样子，前后动了动，终于小声地说："其实，

故事三
不敢看她的眼睛

其实我的烦恼就是不敢看别人，尤其是眼睛。"

说出这句话，他像是终于鼓起勇气承认了一个错误一样，虽然依然局促，还有几分沮丧，但是之后的谈话比较顺畅，他虽然不肯抬头，但是思路清晰，语言表达简洁明确。我渐渐了解到，陈星的主要问题是恐惧与他人目光对视。除了父母之外，几乎所有人的眼睛都会令他害怕，如果对方没注意到他还好些，如果看向他，就会令他浑身不自在，心跳加快，呼吸不畅，怎么也不敢抬头迎视。无论是在学校，还是在公交车、图书馆，面对的不管是熟悉的人还是陌生人都会这样。

开学一周多了，他很努力地想要克服这种恐惧，因为不能抬头看着对方讲话非常奇怪，担心新的老师和同学不高兴或者厌恶自己，可是越是努力想改变越是别扭，大家一开始可能只是觉得他太腼腆了，可是逐渐就觉得不对劲儿了。

"听你这么说，承受的压力实在是很大，同学或者老师说你什么了吗？"

"虽然没有说什么，但是看得出来他们觉得我很奇怪，这种感觉太糟糕了。尤其在选班委的时候，班主任老师还找到我，建议我参选，因为初中的时候我一直是班长，还当过学生会主席，可是我现在这副怪样子怎么能当班委呢！"

陈星述说的过程中，只有在情绪激动的时候，会抬起眼睛看我，然后就立刻跳开视线。

"老师，很对不起，和您谈话一直低头很不礼貌，因为这个缘故我会尽量减少和别人讲话，从初三下学期到现在，包括面对爸爸妈妈的时候，这次是话说得最多的一次了。他们都说我长大了，内敛了，其实根本不是……"他跟我直道歉，青涩的脸上写满痛苦和无助。

"没关系啊，孩子，你背负这么重的压力，还要顾及周围人的感受，一定很辛苦吧。"我话音未落，陈星大颗大颗的泪珠终于落了下来。

陈星说自己的这个烦恼一直不知道找谁诉说，上网查了一下，感觉很像一种恐惧症，应该看心理医生，可是又不敢跟家人说，怕他们太担心，而且自己也说不清。想着也许上了高中换个环境，自己再努力调整一下就会好，没想到反而更严重了。终于发现高中有心理老师可以求助，像是找到救命稻草一样。

我答应陈星尽力帮助他，只要他相信我。首先我们要找到问题的根源，于是很快就了解到陈星的这种视线恐惧的形成过程，缘起是不敢看"她"的眼睛。

2. 他不敢看她的眼睛

陈星是一个挺聪明的孩子，父母是普通工人，对于他的教养一直比较严格，作为独生子，一点儿也不娇气任性。这孩子从小就很懂事，不讲吃穿，为人诚恳，做什么事情都非常认真，虽然有点儿腼腆，话不太多，但是学习能力很强，成绩也不错，从小学起一直是学生干部。

故事三
不敢看她的眼睛

升入初中后，品学兼优的他一直担任班长，因为为人正直公允，以身作则，陈星可以做到身处青春期最为动荡的时期，既得到老师的欣赏赞誉，也能在同学中间很有威信，对一个少年来讲，做到这一点难度相当大。然而到了初二上学期，陈星一直以来丰富踏实、宁静美好的生活被一颗石子彻底划破。这颗小石子，是一个可爱的女孩儿。

升入初二，陈星被选为新一任学生会主席，工作平台宽广了很多，也结识了更多才华横溢的伙伴。当时的文娱部长是隔壁班的一个能歌善舞的女生，大而明亮的眼睛，快乐活泼的性情，非常可爱。当时学生会的孩子们一起帮助老师筹备学校的元旦文艺会演，经常有机会相处。渐渐地，陈星觉察出自己的眼光总会不自觉得被这个女孩儿吸引。见不到她的时候，也经常能够想起那双含着笑意的漂亮眼睛。

一次主题班会，内容是讨论青春期的早恋，班主任老师带着孩子们讨论早恋有什么害处，怎样就是早恋的迹象，如何调整这种想法，必须要悬崖勒马之类的。在早恋的迹象这个环节，同学们讨论得最为热烈，尤其是有过早恋经验的孩子们，发言尤为踊跃。班主任老师一度有点儿控制不住节奏，只好冷下脸来批评大家，才稳住阵脚，还让同学们学学班长陈星，稳重笃定。陈星说当时自己表现得貌似最为淡定，其实内心翻江倒海，因为听着同学们的发言，他越来越确定自己是真的喜欢上了那个女孩儿了。

这个感情确认吓坏了陈星，他知道早恋不是一件好事儿，是绝对不能发生在自己身上的事情，一方面无法面对严格要求自己的父母，一方面会被老师同学看不起，所以他绝对不能向那个女孩儿表白感情，甚至不可以被别人发现。他要坚决阻隔这个信息的传播，并隐藏起自己的初恋情愫。

从那之后陈星一直努力隐藏自己的情感，为了不露马脚，也不敢刻意疏远那个女孩儿，怕反而更容易引起怀疑。可是面对她时又经常不够自然，生怕被发现。他很担心别人会知道他的心事，可是又常常情不自禁地偷偷观察那个女孩儿，矛盾中日渐焦虑。有一天课间，他正盯着刚好在走廊另一侧的女孩儿的背影，有些出神，突然间她转过身来，迎视他的目光，吓了陈星一大跳。他迅速低下头，紧张得心脏狂跳，尽量控制自己的呼吸，假装从口袋里找东西，慌乱地想这下坏了，她怎么知道自己在看她，难道她知道了自己的心思吗……从此，那双眼睛在他心里生了根，时不时出现，甚至会出现在噩梦里，之前自己那么喜欢的大而美丽的眼睛，逐渐带给他的只有恐惧。越回想当时那女生的眼睛，他越肯定那眼神很复杂，好像洞悉了他的内心世界。以后再见到那个女生，也不敢抬头看，甚至不再与她讲话。

陈星躲避女孩儿的古怪行为终于被校团委的老师发觉，老师私下里了解了一下两个人并没有发生什么矛盾，就找陈星谈话，提醒他作为学生会主席必须团结其他学生干部。当时已经压抑了几个月的陈星忍不住和老师简单说了说原因，当时老师的眼睛也睁得好大，一副难以置信的样子，因为陈星一直是严格自律的优秀学生典范，还是省级优秀学生干部。老师虽然没有说太多，还是提醒他必须调整好自己，不要影响学习和工作，说会注意不把他和那个女孩儿安排在一起工作。

原本他还是挺感谢团委老师的，不仅理解自己，还帮助自己解围，

故事三
不敢看她的眼睛

但是陈星没想到的是团委老师把这件事告诉了自己的班主任，刚巧临近的一次月考他的成绩下滑，于是班主任老师找他谈话，语重心长，悉数利弊。虽然说青春期对异性同学发生好感也算正常，可陈星不一样，是要有大出息的孩子，必须学会自我控制，老师说自己也会监督他，除了工作和学习，不要和那个女孩儿有更多来往。

虽然陈星对团委老师不给自己保密有些不满，但是后来想想老师也没有恶意，还是自己不够好才让老师担心，而且老师们说得都很正确，他决定要更快速地调整过来。本来以为尽量减少和那个女孩儿见面，过一段时间就没事儿了，结果他却发现事情越来越糟糕了，自己与别的女生说话时也开始不自在，很害怕对方盯着自己。她们的目光好像都有穿透力，都能够通过自己的眼睛一直看到自己心里，令自己非常恐惧，不敢和她们目光对视，只能要么躲闪，要么回避。

度日如年中升入初三，陈星越来越沉默，怕被大家发现自己的异常状态，只好把时间都埋在书中和习题里，成绩倒是不错。老师们说他长大成熟了，知道什么重要，并以他为榜样激励同学们认真学习，准备中考考出好成绩。爸爸妈妈发现他少言寡语，脸色不太好，认为是学习太辛苦了，可孩子知道上进是好事，于是就很少打扰他，只是认真照顾他的饮食起居。同学们对于他的改变却众说纷纭，说他越来越怪，学习就学习呗，神情举止什么的太别扭，不知道是装的还是学习太用功出毛病了。有关系好的朋友时不时把大家背后的议论告诉他，希望他最好能改变一下，这反而让他更加苦恼。

后来害怕与人对视的问题逐渐扩大到男生，到老师，甚至是公共场所遇到的陌生人，只有面对自己的父母时还好些。他觉得人的眼睛真可怕，让他不安，就尽可能地少和别人谈话，不得不说时也能不看对方的眼睛就不看，实在要面对就看一眼然后迅速躲闪。这样熬到了初中毕业，虽然中考成绩优异，但是原来自信开朗的男孩儿已经面目全非。本指望上高中后换了新环境会好一些，没想到依然如此，同学和老师都觉得他太腼腆，太紧张，有点儿怪。自己也很难融入新集体，不知如何是好。

3. 走出内心的恐惧

对视恐惧是视线恐惧症的一个常见种类，青春期的孩子中偶有发生，大多是不敢与同龄异性对视。陈星的症状比较严重，他的对视恐惧范围要大得多，但是因为他的意志力坚强，自知力完好，还可以坚持上学，也没有逃避其他社会活动，生活和学习的状态没有受到太大的影响，就没有转介给心理医生，而是以心理辅导的方式帮助他。初次会谈后，我们共同商讨了一个每周一次，持续10次左右的辅导计划。

最初的辅导都在回顾对视恐惧形成的过程，在认真仔细的梳理过程中，领悟力很高的陈星很快就理清了思路。首先他知道了自己的问题是对与他人目光对视的一种恐惧，是青少年患有的恐惧症中较为常见的一种。对视恐惧的产生与青春期心理变化密切相关，诱因是两年前的情感萌动。那次走廊里女孩儿突然转身与他目光对视

故事三
不敢看她的眼睛

是个偶然事件，当时陈星因为过度担心自己的心意被发觉，一直精神紧张，所以震惊不已，错认为自己的内心被洞悉。之后老师的连番介入，同学的众说纷纭，都在不断强化这种错觉，之后不断叠加，导致由恐惧看那个女孩儿的眼睛，逐渐泛化至越来越大的群体。需要陈星认定的最为重要的一点是，这种恐惧是逐渐学习而来的，当然也完全可以根据同样的原则予以消除，不用过于担心。

之后的辅导主要采用了行为治疗当中的系统脱敏技术，先从掌握放松技术开始。放松训练的目的是掌握让身体放松下来的方法，通过体验身体的放松来达到心理的放松。放松训练的基本程序是先将身体调节到一个舒适的坐姿，闭上眼睛，做3—5次深呼吸。然后按照手—前臂—上臂、脚—小腿—大腿、头—颈—躯干的顺序，一边听指导语，一边按要求做。先使肌肉紧张，注意紧张的感觉，5—7秒后再完全放松，体验紧张与放松之间的不同，以及放松后的舒适感。陈星是个执行力非常强的孩子，很快便掌握了要领，而且把这一训练作为家庭作业每天认真练习30分钟，一周后他就可以做到让自己的身体迅速放松下来。

接下来共同讨论出令他恐惧的主要情境：与熟悉的人（可以是朋友或同桌）对视；与同性同学对视；与班主任对视；与不熟悉的老师对视；与陌生人对视；与异性同学对视。他依照自己的主观感觉，确定了和六种不同角色的人进行对视的训练任务，并给六种恐惧情境评分，确定反应的层级，由低到高的顺序是：与心理老师对视、与同桌男生对视、与其他男生对视、与班主任老师对视、与科任老师对视、与异性同学对视。

因为之前的倾谈建立了良好的信任关系，很庆幸陈星把和我对视的训练任务排在了第一层级，因为第一步是辅导能否成功的关键。接下来就开始对视训练，我鼓励他要坚持，也提醒他不要太着急，我们可以慢慢来，由想象对视，到短暂的对视，再逐渐延长对视的时间。先是做了几分钟的放松训练，他放松下来后先是想象与我对视，任务比较容易完成。接着开始短暂抬头注视我的眼睛，我至今记得他第一次抬头看我的短短几秒钟，时光好似凝固了一样，起伏的目光，紧抿的嘴角，皱缩的眉头，看得出孩子有多恐惧和有多坚持。如此短暂的对视，他的额头竟然冒出细汗，重新低垂下去的头显得疲惫不堪。我轻拍一下他的肩膀，轻声说孩子你很棒，再来做一会儿放松训练，感觉会更好。这绝对是一个良好的开端。

两次训练后，陈星和我说话的时候能够看一看我的眼睛了，虽然停留的时间不长，已经是非常大的进步了，这大大增强了他战胜恐惧的信心。之后的脱敏训练基本都是相似的步骤，先在辅导室中以想象的方式进行练习，然后带着作业去找相应的人进行实际的练习。开始的两个层级任务完成得比较困难，之后越来越好。在最后一个层级，在与异性同学对视的训练过程中，加了认知辅导：我们就如何正确看待青春期的情感；如何成为一个既能清晰地意识到自我的需要和态度，又能符合社会环境要求的人；什么样的孩子是好孩子等问题进行了分析和讨论。解开心结的陈星在第12次辅导结束时完成了全部的训练任务。

那之后陈星还会经常跑到辅导中心来玩儿，跟我谈谈学习和其他方面的情况，不再恐惧与人对视，终于找回了从前的笃定和开朗，人际关系也得到了明显的改善。

4. 往事难如烟

听陈星讲自己的成长故事,尤其是青春期的情感经历,我心里有种莫名的忧伤。说是情感经历,其实只不过是少年内心的青春悸动,以及持久的自我抑制的过程。他抑制的不仅仅是初次萌动的美好情感,还有想要穿越家人、老师以及伙伴们用重重期待制成的枷锁的渴望,可怜的是这渴望连他自己都没有觉察。

孩子从呱呱坠地到长大成人,至少18年的光阴。为人父母师长,到底应该以怎样的心去面对那一个个稚嫩无状的小生命,一直是我很想追问的话题。于陈星的父母而言,穷养儿子的理念不失明智,因为太过骄纵的孩子会缺少独立于世的傲骨。可到底什么是穷养呢?清简的物质条件和严格的家庭教养都没有问题,然而孩子的内心成长应该如何穷养呢?又为什么要穷养呢?

像陈星一样,在长大的过程中很少会被家人问及过得好不好、快不快乐、父母可以帮些什么的孩子比比皆是。尤其是聪明懂事、责任心强的孩子,小小的肩膀就可以负担起家人的希望、老师的期许以及一个班甚至一所学校的学生的钦佩倚仗。每当遇到这样的孩子,我都会忍不住问一问他们会不会觉得累。不需要他们立刻回答,只希望他们想一想,如果想说什么再来一起聊一聊。

陈星的对视恐惧，形成原因是多方面的，比如他过于严苛的自律意识，总是首先替他人考虑，忽视自己的感受，容易自责，内心相对封闭，不愿意求助等个性特点，而更大的责任在老师和家长身上。初中是青春期萌动最为强烈的时期，对异性有好感，甚至思慕，都是再正常不过的心理现象。陈星虽然一直是学生领袖，但他也是个普通的少年，再强大的精神力量也无法和本能的生长抗衡。老师们知道了他的心思不应该如临大敌，似乎闪耀着光芒的明星学生会因为对异性的喜欢甚至早恋而变得暗淡，甚至陨落。如果当年团委老师可以帮助孩子正确认识情感的产生是自然与正常的，引导他正确对待，合理表达，就不会有之后的对视恐惧出现。好在这个孩子坚强，否则演变为严重的心理障碍，甚至中断学业都极有可能。

陈星在初三时心理困扰已经很大，由对视恐惧引发的抑郁、焦虑的情绪均日渐严重，可是他的爸爸妈妈却毫不知情，反而一直以为孩子长大了，懂事了，更在意学习了，并引以为豪。朝夕相处的父母对于孩子真实的内心世界如此失察，也算是一种严重的失职。说来说去还是老师和家长都认为学习第一，一张成绩单就可以遮住千千万万父母和老师的眼睛。

5. 写在后面

陈星在高中读书的三年，经常会来心理辅导中心和我聊聊天，日常的闲谈中我一直有意无意地引导他认真思考，如何在自己的本心和父母、老师的期待中找到可以结合的点线以及角度。既是重要他人所期待的，又是自己想做的事情越多，内心会越平和，状态就会越好。

好在陈星还处在内心还未完全成熟的年龄，很多角度还可以调整，可以重建。无论外界环境如何，孩子们首先要能够判断出自己的真实意愿，然后能够以适当的方式表达，并通过自己的努力实现。

高二之后陈星的成绩逐渐上升，后来他以优异的成绩考入南方的一所名牌大学，临行前他来看我，一个告别的拥抱，坦诚直视的目光中清晰可见的，是只有经历过风雨的大男孩儿才会有的成熟、坚定和自信。

眼睛可以让我们看到暗沉的恐惧，也可以看得到美好和光明。

当我们发现自己难以面对他人时，切忌惊慌，正确对待内心的惶恐，积极寻求心理辅导，懂得借助外力让自己回归正轨。

故事四
非同寻常的吸引力

云宁以前是一个穿着得体、开朗活泼的女孩儿，突然有一天，她走起了所谓的"朋克"路线，试图以这样的方式获得别人的关注，却适得其反。强行改变她的风格只是改变表象，唯有治愈她的内心，才能让她坦然接受自己，更加健康地成长。

1."朋克"女孩儿

认识云宁时，她正在一所普通高中读二年级，那段时间因为教师培训和教研活动的缘故，我经常去她所在的学校。一次教师沙龙活动后，一位班主任留了下来，说遇到一个很难教育的孩子，希望我可以给一些建议。班主任说的就是云宁，从前挺乖挺单纯的，开朗活泼，没想到越来越不学好，一身社会青年的做派，凡人不理，到现在已经软硬不吃，很难管理，学习也越来越差，令她的班主任很是头疼。

云宁小的时候父母就离婚了，妈妈离开后很少出现，她由父亲抚养，但基本上是跟着爷爷奶奶一起生活，隔代亲根本管不了孩子。班主任和云宁的爷爷奶奶以前是老邻居，老人家拜托班主任照顾这

故事四
非同寻常的吸引力

个孩子，所以班主任不能不管，可是又真的不知道该怎么去管，于是很想请我跟她谈谈。

班主任介绍孩子的情况时，她的表情、动作、语气以及措辞，充满了排斥、不耐和厌烦，而且班主任老师和孩子的家人又存在比较密切的关系，不由得很为云宁所处的成长环境担忧。虽然外校孩子的心理辅导做得少，但我还是立刻答应了班主任，只要云宁愿意和我聊聊，我就试着和她谈一谈。

那之后不久，记得是元旦前的一天中午，我见到了云宁。

云宁来的那天刚好赶上变天，风很大，吹得太阳都躲起来了，气温降到了零摄氏度以下，学校里的孩子们都纷纷穿上了厚厚的棉服。所以我看到云宁的时候，着实有些吃惊，她只穿了一件薄薄的黑色外套，虽然是毛毛的领子，可纯粹是装饰，根本起不到任何保暖的作用。敞开的衣襟让我看到她里面穿着无领的黑T恤，一条大大的装饰项链挂在细细的脖颈上，看着冰冷而可怜。细瘦的腿上只穿了一条很薄的牛仔裤，裤腿上有蕾丝覆盖的镂空的破洞，隐约可见里面的皮肤。

云宁个头儿偏小，人又很瘦，一副孩子的身量，小小的脸孔上涂着厚厚的脂粉，长长的刘海儿乱乱的，有几缕搭在眼睫上，眉毛眼睛和嘴巴都浓墨重彩，可不是一般的违和。当时辅导中心有参加社团活动的孩子们，见到云宁后都是整齐划一的惊诧表情。我愣了一瞬，立刻调整过来，一边嘱咐社团的孩子们赶紧回班上午自习，一边迎向云宁。这小姑娘气场算强，众目睽睽下直直挺立着，淡漠的眼神，严肃的表情，恍如四周无物。可是走近她后，分明可见忽然晃动的

043

眼神和嘴角稍纵即逝的颤动。

"你是云宁吗？"我微笑着走向她，她只是很轻微地点了一下头，依然面无表情。

"请进来吧，今天有点儿冷吧，你吃过午饭了吗？"我一边说着，一边请她进入辅导室，给她倒了杯热水。她依然只是点头，接过水杯，眉头动了动。

"你是从学校来的吗？那可有一点儿远，以前来过吗？"我继续和她闲聊着。

她坐在沙发里，低头转动着水杯，终于抬起头来看了我一眼，说："我早上没有去上课，是吃完午饭从家里直接来的，不太远。中考时来过这里，做报考志愿咨询，反正是没有考进来。"云宁的声音很好听，那种小女生的音色，但是语气很冷，声音也不大，回答得简单敷衍。而后又转开眼神，只是握着水杯一会儿看看周围，一会儿看看窗外。

因为是初次见面，又是个性很强的孩子，于是我便继续找些简单话题与她随便聊聊。问了问她的小学和初中在哪里读的，家住得离学校远不远，学校的伙食好不好什么的。虽然她浓妆艳抹的，但是也能看出这个孩子五官挺精致的，皮肤也不错，还有两个小小的酒窝，稚气未退，如果洗掉铅华会是非常可爱的样子。

"云宁，你是不是同年级中年龄最小的啊？"

"不是啊，为什么您觉得我小啊？"她有些纳闷。

"因为你看着可爱稚气。"

"可爱稚气？"她对这个词明显惊讶，黑黑的眼睛直视着我，说，"老师，您真看得出我年龄小吗？"

我非常诚挚地点了点头,她忽然有些泄气,皱着眉,鼓着嘴,又开始转动手中的杯子,小女孩儿的样子展现得淋漓尽致,看得我不由得轻笑了起来,说:"云宁,你真是个很可爱的姑娘。"

听到这句话,云宁沉默了,小小的头垂到胸口,时而抬头看我一眼,旋即又低了下去,眼睛忽明忽暗地闪烁。我一直含着微笑,带着鼓励的神情望着她,几次目光对接,她都迅速跳开,欲言又止。

看着她纠结了一会儿,我问道:"是不是我的说法不合适,让你觉得不舒服了呢?"

云宁摇了摇头,终于抬起眼眸,带着几分困惑和几分难以置信,语速很慢地问我:"老师,您真的觉得我可爱吗?好像很久没有人这样说过了,所以我很怀疑呢。"

看来之前听班主任说起她时,我的感觉是正确的,这个孩子渴望得到肯定,却一直被周围的人否定。

我很确定地告诉云宁,绝对是真实的感觉,虽然她外表装扮得时尚成熟,但是一看就是个小女孩儿,而且眼神、表情、动作之类的不经意就会流露出少女可爱的一面。虽然外表可以掩藏住很多信息,但是通过认真观察,就能看到真实和本质的部分。

2. 破碎的家庭

云宁刚刚度过 16 岁生日,在同级的孩子中算是年龄偏小的。不太爱说话，也不爱热闹，属于比较安静的类型。云宁说从自己记事起就知道爸爸妈妈感情不好，经常争吵，急了还会动手。因为这个缘故，她小时候特别乖，走路和说话都尽量静悄悄的，经常要看着爸爸妈妈的脸色，决定要不要提出去外面玩儿或者想要什么东西的请求。上学后也一点儿都不用家长操心，虽然年龄小，却比同龄的孩子能力强，所以老师很喜欢她，让她当小组长或者卫生委员什么的。小学三年级的时候父母离异了，因为妈妈工作繁忙，收入也不高，所以她由爸爸抚养。可是一个女孩子，爸爸也不太会管教，而且他又是做销售工作的，经常出差，所以云宁基本是在爷爷奶奶家长大的。爸爸抽烟喝酒，脾气也不太好，云宁小时候因为有点儿害怕爸爸，所以很少亲近爸爸，也不和爸爸说什么事情，有问题都是找奶奶。

　　从小学一直到初中二年级，日子过得还算平静，因为在学校里她和老师同学都相处得不错。懂事的云宁在家里经常帮爷爷奶奶干活儿，相互照顾得也还好。爸爸不出差就会回来吃饭，偶尔也能见到妈妈，和父母相处时间不长，话也不多，但是可以感觉得到他们还在自己身边。升入初三以后，生活开始有了太多变化，令她措手不及。先是妈妈再婚了，要抚养另一个孩子，所以极少来看云宁。很快爸爸也带着一个陌生的阿姨出现在自己的生活里，说是快要成为她的继母了。爸爸妈妈各自找到新的伴侣虽然很正常，但是云宁不能接受的是他们根本不跟自己商量，完全理直气壮，那么不把自己当成是他们的孩子，好像自己根本不算是一个人。

　　也许是自己情绪不太好吧，影响了学习状态，原本虽然成绩不太突出，但是考上重点高中没有问题，初三时学习成绩屡屡下滑，

故事四
非同寻常的吸引力

云宁变成压在录取线上的"边缘生"。下学期第一次模拟考后,学校召开"边缘生"家长会,本意是希望家长鼓励孩子们在最后的复习阶段努力备考,结果爸爸回家后把云宁骂了一顿,说她丢脸,没出息,和她妈妈一样笨。当时"准继母"也在旁边,不知道是不是错觉,云宁说她分明看到那个阿姨眼神里的讽刺和得意。云宁太委屈太愤怒了,激烈地指责爸爸凭什么说那么难听的话,从来没有管过孩子的家长有什么资格教训人。爸爸也许是真生气,也许是觉得在女朋友面前丢脸,上来重重打了云宁一巴掌,爷爷奶奶赶紧拦阻才没有再打第二下。可就是这一巴掌,云宁说自己的心彻底凉了,也碎了。

从那次冲突之后,云宁再也没有理睬爸爸以及那个阿姨。也许爸爸觉得动手打孩子有点儿过分,但对于女儿的疏远也没有再多说什么,只是回爷爷奶奶家的次数越来越少。云宁更加沉默了。爷爷奶奶经常唉声叹气,也不知道怎么劝解孩子,偶尔会抱怨云宁的妈妈不负责。这让云宁听着更加心烦,于是回到家里她就关起门来,索性谁都不理。日子就这么沉闷压抑地度过,心思不专地备考,最后只能进入普通高中。

当时云宁读书的初中是本地生源最好的,重点高中的升学比率很高,她的朋友们几乎都在我工作的这所重点学校。云宁落榜后也逐渐不和之前的伙伴来往了,因为她觉得自己很糟糕,没资格和人家继续做朋友。

"老师,其实刚才走廊里的学生中就有我的初中同学呢,应该是我的变化太大了,所以他们才认不出来吧。还好认不出来……"云宁喃喃地说,眼睛看向在校园的冷风中摇摆的芙蓉光秃的树梢。

3. 糟糕的自我救赎

升入高中后，碰巧很熟悉的邻居阿姨在云宁考取的学校，还在高一当班主任，爷爷奶奶觉得孙女是心事多才没有考好，应该有能力考上好大学，于是就托了一些关系，把她放在了这个阿姨的班里，可以重点关照一下，主要是督促她学习。云宁和班主任并不很熟，之前也就是遇到的时候问声好，看着比较和气，并不反感。没想到开学第一天，班主任就让云宁去办公室找她。

"云宁，你的身世我了解，我知道你之前成绩一直挺好，怎么就没考上重点高中呢？"班主任皱着眉头问她。

"哦，嗯，可能是后来没准备好。"云宁不知道应该怎么回答才好。

"普通高中和重点高中可是没办法比，学习氛围没有那么好，虽然在这里你的升学成绩算高的，但是一松劲儿也就不行了。你家里人把你交给我，我也不可能每天都看着你，一定要自尊自爱，好好读书，否则也对不起养大自己的爷爷奶奶……"班主任说了很多，都是貌似出于关心的话，但是听着却很刺耳，云宁说当时只能沉默，头越来越低，心里一片凄凉。

新班级里没有熟悉的伙伴，云宁情绪一直低落，也没有心情认识新的朋友。因为不喜欢班主任老师，所以老师让她担任班委，去社团、学生会应聘什么的，她全部拒绝了。新班级很闹腾，同学们每天打打闹闹的，纪律也不好，和初中的班级风格迥异，云宁不适应，越来越厌烦。起初也有同学找云宁说话，管她叫"学霸""高冷小

故事四
非同寻常的吸引力

美"什么的,班里也时不时有男生给她写个纸条、送个礼物什么的,表示好感,她觉得很讨厌,统统不理。渐渐地,云宁的冷淡惹恼了一些同学,她逐渐由主动的边缘化,到被大家排斥,越来越孤立。虽然她不喜欢新的集体,但是家里和学校都那么冰冷,没有任何人的肯定和关爱,云宁有些承受不住。

云宁一直喜欢动漫,心烦的时候就看动漫书打发时间,一次偶然看到一个学校题材的故事,大意是被排斥孤立的小女生,在朋友的建议和帮助下形象大变,又酷又时尚,逐渐逆袭,于是云宁大受启发。云宁觉得无论是在家里还是在学校,被忽视以及觉得孤单都是自己不够成熟和强大。她决定改变自己,希望拥有成熟的魅力,这样会变得有力量,不会被同学欺负,也不怕被孤立,她说这个计划叫"自我救赎"。

于是她从网上和书籍杂志中寻找关于另类、时尚方面的资料,从化妆、服饰、发型到表情动作,各个方面开始自我设计。云宁的爸爸妈妈虽然很少顾及她,但零用钱还是会给一些,高一的寒假她就用来做形象重塑。高一下学期开学,造型前卫的云宁着实令同学和老师大吃一惊,真正成了瞩目的焦点,那一刻她心里觉得很痛快。

可是开学典礼刚结束,云宁就被班主任冷着脸叫到了办公室,一顿痛批,说学好难学坏易,这个形象出门也不怕给家里人丢脸,哪里是高中生,分明是街头混混的样子,命令她转天整理成正常人的样子再来学校。云宁被泼了一大盆冷水,本来胆子也没多大,开始动摇是否坚持以这种方式得到认可和关注。她独自在街上逛游,傍晚才回家,推开房门立刻愣住了,多少年没有同时出现的爸爸妈妈都坐在客厅里,她有一瞬的恍惚。不过扑面而来的寒冷气氛立刻令她清醒过来,她知道来者不善。果然,是班主任老师来过爷爷奶奶家,说云宁的行为举止太过分,状态堪忧,好像立刻就变成不良少年的样子了。爷爷奶奶一着急就把她爸爸妈妈都叫过来了,说孩子大了管不了,别让爹妈埋怨。

之后的场景云宁不愿意详述,反正场面一定是一群大人针对一个小女孩儿,不停地批评说教,很可能也互相埋怨,话好听不了。结果是父母罕见结盟的"统一战线"激发起云宁内心深处积累已久的孤独、委屈、埋怨和愤怒,小姑娘表现出前所未有的倔强,用她的话说叫"不畏强权",父母都有各自的家庭,也不能拿自己怎样。

之后云宁在学校屡次因为服装、发型等问题被批评教育,久而久之她已经习惯了,她甚至认为总比没人理睬的好。而且因为不服管束,老师也总找她爸爸或者妈妈,爸爸总是沉默,妈妈总是叹气,偶尔能够以这种怪异的方式见到他们,云宁心里还有一丝安慰。

"他们养了我就得管我吧,虽然我讨厌他们,但是总比见不到好吧。"云宁黑白分明的眼睛看向我,一如既往的冷淡里有泪光闪烁。

4. 找回丢失的美丽

安静地听着小姑娘说了很多的话,看着她挺着的背脊,倔强而单薄，我的心里很难过，很想去抱一抱她，然而她需要的是对她而言重要的那些人的怀抱，是情感上的接纳和认同。恍惚了一瞬，我迅速调整过来，起身给她换了一杯热水，找到目前云宁最核心的问题开始讨论。

"云宁，我理解到你并不是老师和家长担心的那种学坏了的孩子，你改变形象的目的是'自我救赎'，是想在伙伴中有地位，但是大家并不清楚，是这样吗？"

"嗯，我没有跟别人说过为什么要改变形象，才懒得跟他们解释。"

"你说变得成熟和时尚会让自己有力量，就像动漫故事里的那个主人公一样，实际上你觉得有效吗？"

她皱起了眉头，轻轻摇摇头，很困惑地说："这是我想不明白的一点，年级里也有标新立异的孩子，和我一样老是被批评教育，但他们人气都挺旺，我怎么就一直没有人理睬呢？"

我笑了起来："云宁，总是有人批评你的着装发型妆容什么的，没有人说过你除了违反规定之外，还有别的原因吗？"

看着我的笑容，云宁有点儿莫名其妙，撇了撇嘴，有点儿气呼呼："有啊有啊，同学们说我不正常，说我有病！"

我收起笑容，认真地说："云宁，这才是咱们要认真分析的问题。"

之后的谈话，引导云宁认识到她的计划之所以不成功，主要是她的形象实在是和成熟前卫的造型不匹配，正如一个人的美味很可能是另一个人的毒药。

云宁不是极漂亮的姑娘，但是笑起来非常可爱，眼睛弯弯的，两个小酒窝，甜甜的，透着稚气，再加上瘦削的身材，看着比实际年龄还要小。可是她从发型到着装总想体现出成熟和另类的味道，再配上故意显得高深莫测的或是飘忽不定的表情，太像小孩子在装成年人，很奇怪也很好笑。再加上她不爱理人，同学们认为她不正常，后来这样的话都不避讳她了，路过她身边时直接说她有病。

云宁的眼神逐渐由疑惑到认同，倔强的小脸逐渐松弛下来，眼角嘴角终于不用强撑，纷纷下垂成弧线。眼角的泪水越来越汹涌，冲掉眼线、腮红、唇膏，眼泪擦也擦不干，一张脸变成调色板。等到哭得差不多了，我才带着她去盥洗室洗干净脸，果然是五官精致可爱。

情绪得到疏解的云宁平静了很多，她说："老师，我其实很累，强打精神坚持着这一切，其实感觉自己越来越自闭，很无力，感觉做什么都是徒劳，反正是同学们的笑柄，干脆不理睬他们了，逐渐对什么都不感兴趣，内心越来越苦闷，很难承受。班主任很讨厌我，又不能不管，时不时牢骚满腹，有时候都不管场合。前两天跟我说有一个很有经验的心理老师想找我谈一谈，我想反正也是闲着，谈就谈吧，反正以前总有人找我谈话，后来跟我谈的人也越来越少了，终于有了一个。"她说完，还俏皮地笑了一下。

"哦，那你觉得咱们谈得怎么样？"

"老师，我觉得这次是我跟您谈，以前别人找我谈都是他们说我听，这次是我说您听啊！"

我揉揉她乱乱的头发，看着她的眼睛，说："小丫头，你想不想找回开心和快乐呢？要不要我来帮帮你？"

孩子一边下意识地赶紧抒一抒自己怪异的头发，希望它们顺溜

故事四
非同寻常的吸引力

一些,一边认真地点头。

之后我们又约谈了三次,云宁把自己从小到大的成长经历仔细回想了一下,讲给我听,孩子在讲述的过程中屡次泣不成声,痛快的讲述和哭泣,帮助她打开了许多心结。和这个孩子的谈话,我主要在倾听,鼓励和支持她把能够唤起的回忆全部清理一遍,尽可能体验一个小姑娘如何在缺失父母之爱的环境中顽强生长,共情是帮助这个孩子的最佳方法。我们知道成长之殇无法抹去,更不可能逆转,只能止住鲜血,清理创口,消除炎症,以待生长愈合。

最后一次谈话,云宁对我已经变得非常信任和友好,她甚至可以时不时地展开笑颜。我们谈了谈今后的打算,讨论如果想要得到有尊严的生活应该如何去做。云宁本来是个明白事理的孩子,是初三以来的生活际遇让她暂时迷失了自己,所以找到积极的调整方向并不困难。

她说其实打扮成前卫时尚的造型自己也并不舒服,但是好像被绑架在高台上面,很难下来。我在辅导过程中慢慢引导她去发现,其实是自己绑架了自己,是悲伤绑架了快乐,孤独绑架了温暖,迷茫绑架了自信。云宁要理清的是,其实她原本最美丽的是那柔顺的头发、可爱的笑容、纯真的眼神和清爽的气息,还有无比珍贵的责任意识、快乐情绪和自尊自信,这些美丽全部被遗失在青春成长的伤痛里。

改变从最简单的任务开始,我建议云宁逐渐回归到原本清纯女孩儿的模样,但改变的速度不宜太快,要给周围的人一个逐渐接受的过程,不能太突兀了,不然反而出现相反的效果。所谓相由心生,其实衣着服饰的改变和内心状态之间是密切相连的。云宁在做回自己的同时，冰冻的内心也在逐渐融化，她迟早会找回自己那份遗失的美丽。

5. 写在后面

单亲的孩子不一定受伤

现在单亲家庭比比皆是，解体的家庭结构对于孩子来讲是健康成长的障碍，但是父母处理得理智恰当，对孩子的影响就不会太大，至少仍然可以健康成长。离婚是夫妻系统的解体，但是亲子系统却无法解除，生身父母对于孩子来讲独一无二，不可替代。

家庭心理治疗专家告诉我们，父母恩爱和谐，亲子关系融洽，是最佳的家庭成长环境；其次好的是，虽然是单亲家庭，但是平静和谐，孩子安全成长的需要完全得到满足。不好的是，完整家庭但是夫妻或者亲子关系不和谐，孩子很难健康成长；最糟糕的是夫妻关系解体，亲子关系疏离，生身父母虽在，却不尽养育责任。

云宁就生活在非常糟糕的家庭环境里，生而不养，养而不教，都是为人父母最大的错误。每个人都有追求自己幸福的权利，但是追求自己的幸福和尽父母的养育之责并不矛盾，可以说密切相关。很难想象，出了很大问题的父母，还能够让孩子感受到真正的幸福。

孩子受的伤都是大人们给的

大千世界变化无常,孩子们降临人世,既有从父母那里继承而来的先天遗传素质,更有抚养他们长大的人所准备的成长环境。先天素质不够均衡,或者后天环境贫瘠的孩子,更有甚者腹背受敌,这种情况下孩子怎么可能健康长大,学习成绩怎么可能优异。可以说,孩子成长中的伤痛都是大人们给的。

这个"大人们"除了父母家人还有老师,老师也是孩子成长中的"重要他人"。孩子的个性特点差异很大,像云宁这样乖顺也倔强的孩子,如果在青春期得到及时引导和支持,可以将心灵的伤痛转化为自立自强的动力。如果得不到支持,反而像班主任老师那样火上浇油,前景就不堪设想,有的孩子甚至会因此滑入生活的黑暗泥沼。

方法比动机重要

其实云宁的班主任也并无恶意,受到亲友的嘱托,对云宁关注较多很正常,严格管理云宁的动机也是希望她能好好念书。可是教育孩子并不是动机好结果就好,必须要讲究方法,懂得尊重,愿意理解,乐于接纳。先把心打通,暖流才能缓缓注入,尤其是受过伤害的孩子,更需要成年人朴素的关怀和悉心的引领。

如果正确地获得关注与认同

我们都渴望得到至亲的关注,小时候的努力学习,长大后的认真工作,都是想让自己变得更加优秀从而获得他人的关注与亲朋的认同,这无可厚非。但获得他人关注的方式有很多,我们不能采取伤害自己的方式来达到这一目的。如果做某件事已经令自己不愉快，那么即使获得所谓的"关注"，也不能从根本上令自己获得满足感。我们最应该做的一件事是爱自己，只有足够爱自己，才能让自己真正地变好，然后以这样正向的方式获得关注。哪怕我们变得更好后依然不能获得自己想要的关注，也不要为此消沉，因为逐渐强大的自己已经可以给自己想要的生活，我们的幸福感不是通过他人的关注获得的，而是内心的强大给予的。

Part two

被讨厌也没关系，不内卷的人生需要自我认同

阻止受伤、过度补偿、期望过高、强迫自己等，从来都不是可持续发展的成长方式。获得认可、尊重与自愈能力的重要途径之一，是永远做真实的自己。当我们对自己有足够的认同感时，就不会那么在意恶劣的外部环境了。

故事一
"妈宝男"的诞生与蜕变

启凡是非常依赖母亲的男孩儿，遇到大事小情经常会说"我问问我妈"，是个不折不扣的"妈宝男"。小伙伴间一个很平常的玩笑，因为妈妈的介入变得错综复杂，启凡身陷矛盾，痛苦不堪，个性软弱顺从的他能否走出妈妈的羽翼，蜕变成独立的大男孩儿呢？

1. 沙盘游戏中的插曲

启凡是个16岁的男孩儿，个子不高，瘦弱的身材，长相也稚气，看着小小的，不像高中生。性格和着装都稍显拘谨，衬衫或者T恤领子扣得规规矩矩，戴着一副黑边眼镜，又有点儿学究气。

第一次注意到启凡是在一次团体沙盘游戏体验活动中，孩子们按照活动规则，分六轮依次选取沙具，按照自己的意愿摆放到沙箱内的某一个位置，共同制作团体沙盘。每一次轮到启凡，他都要纠结很久，活动规定制作过程不允许讲话，伙伴们只是静静看着他，等着他，个别孩子渐生不耐。

沙盘制作完成之后，孩子们要交流和分享，可以讲自己的感受，也可以说对伙伴的疑惑和看法。一个急脾气的女孩儿说："启凡实在是磨蹭得太要命了，像是有选择障碍似的，太让人着急！"另一个男孩子赶忙打圆场，一脸认真地说："你应该理解启凡，因为他妈妈没有来！"语气中透露明显的促狭，好几个孩子会心地笑了起来。我关注了一下启凡的反应，他表现得比较淡定，只是脸有点儿微微泛红，什么也没说，但是他用力握紧拳头，倏然又放开。

发现启凡情绪的变化，我没有追问孩子们的笑声是什么意思，也没有请启凡回应，而是转移了话题。在之后的讨论中我引导孩子们思考在团体沙盘游戏中体验到什么，如何准确感受自己和主动表达，怎么觉察和理解别人的内心世界，如何在促进彼此了解和沟通的同时，学习互相尊重。整个讨论环节，启凡都没有发言，对伙伴的看法也不置可否。结束后两个孩子留下来整理沙具，我随口问："刚才大家好像在取笑启凡，是怎么一回事呢？"

"老师，其实没什么，启凡是个很听妈妈话的男孩儿，认识他的同学很多都喊他'妈宝男'，就是妈妈的宝贝男孩儿的意思，这个绰号是初中就有的，具体怎么来的不清楚。"一个孩子告诉我。

了解到"妈宝男"的由来，联想到启凡在活动分享时的反应，不难猜测他对这个绰号非常反感，但是沙盘活动中他为什么会压抑自己的感受呢？他明显很生气，却不但不反驳同学的取笑，还故作淡然，这比较矛盾。不知道是因为这个孩子性格软弱，还是有其他的原因，我琢磨着应该找个合适的机会和启凡聊聊。

没等我去找启凡，他就主动来了。

沙盘活动之后不久的一天中午，学校有外地来的学访团队，我带着老师们参观心理辅导中心，走到公共休闲区的图书漂流驿站时看到启凡站在那里，拿着一本杂志在翻看，但是从他的神态上看应该是没看进去。

我走到他身旁，问道："启凡，你怎么没有上午自习？"

他转过头，犹豫了一会儿，小声说："老师，我心里很乱，想找您谈谈，没想到有这么多人……"

参观快结束了，我看了看时间，距离下午上课还有40分钟，原本也想找启凡聊聊的，正好他自己来了，于是我说："那你稍微等一下。"参观的老师一离开，我就请他进了辅导室。

几天没见，启凡变化很大，面色苍白，明显憔悴，一直整整齐齐的像个小学者的他，竟然有点儿凌乱，头发炸着几绺，领子也没有翻好，一副委屈的样子。我帮他把领子抚平，问他："启凡，你怎么啦，是遇到什么难题了吗？"

他鼻翼抽动，呼吸越来越急促，脸也开始涨红，很生气的样子，快要哭出来了。

"看起来你很生气，不要急，慢慢说。"

2."妈宝男"的伤心事

"老师，我遇到了特别没面子的事情，烦死了，不知道该怎么面对……"启凡很想忍住快要失控的情绪，停止说话，屏住气息。

故事一
"妈宝男"的诞生与蜕变

"哦,启凡,你的烦恼和前两天的沙盘游戏有关吗?"给他一个确定的问题,提供一个思路,可以帮助他调控情绪。

他点点头,深吸了一口气,气鼓鼓地说:"他们就是嫌我太磨蹭呗,好像是玩笑,其实就是讽刺挖苦!"

"为什么你觉得同学们不是在开玩笑,而是讽刺?"我要确定他对于自己"妈宝男"的绰号究竟是什么态度。

他的脸又憋得泛红,嘴巴扁了扁,问:"老师,您知道我的绰号吗?"

"你是否愿意让我知道呢?"

启凡停顿了一下,忽然气愤了起来,眉毛拧在一起,嘴角紧紧抿着,鼻子皱皱的,粗声粗气地说:"他们叫我'妈宝男',真是太可恶了!我老是忍着不说什么,结果他们越来越过分!"

我沉思了一会儿,然后放慢语速,问他:"这个绰号是妈妈的宝贝男孩儿的意思吗?"

启凡鼻子里哼了一声,极不情愿地点了一下头,胸脯一鼓一鼓的。启凡身体发育偏晚,鼻子下面刚有一点毛茸茸,还是一副小男孩儿的模样,生气的样子看起来实在是太可爱,我忽然很想笑,要很费力才忍住。孩子那么生气,我绝对不能表现得太轻松愉快,所以赶紧调整好情绪,认真地对他说:

"看你那么不高兴,看来是真的很讨厌这个绰号。除了这一点,你提到那天的沙盘游戏,不知道和今天要说的烦恼有什么联系?"

听到我的问题,启凡深深叹了口气,忽然很颓然,这孩子情绪变化很快,脸上跟安装了表情包装置一样,瞬间就可以转换。

061

"那天做沙盘游戏，本来挺开心的，很想认真完成，所以动作就慢了一点儿，不想却被他们取笑，我心里很别扭。"

"当时我是发现你不太高兴，但是担心当场询问你会更不开心，就没有说什么，这样看来是我处理得不合适，要给你道歉。"

启凡赶紧说："不关您的事，其实，哎，本来也没什么，都是因为我妈妈多事！"他稍稍放松下来的表情又变得恨恨的。

启凡讲起了之后发生的事情。那天完成沙盘体验就放学了，因为被同学取笑心里别扭，启凡很懊丧地走出学校，见到来接他的妈妈时脸色不太好看，也不和妈妈说话。回家的路上妈妈一边开车一边问他是怎么了，为什么不高兴，是不是被谁欺负了。启凡起先不太想说，敷衍着，可是妈妈就是问个没完，夸张的是半路竟然把车停路边，一定要让他讲清楚。启凡很无奈，就大概和妈妈说了说经过，妈妈说同学就是开玩笑啊，没必要生气啊。启凡忽然就冒火了，压抑了半天，还被妈妈数落，一贯很乖的他大声跟妈妈嚷嚷说就是因为妈妈什么都要问，什么都管，所以同学们才叫自己"妈宝男"，简直丢死人了，连一起做个沙盘游戏也要被取笑，这个班不能再待下去了，要离开，要转学。反正大吼大叫了一通。

启凡说当时妈妈没出声，只是有点儿惊讶地看着他，等启凡喊叫完了，妈妈才重新启动汽车回家，一直没再说什么。这么一顿嚷嚷后，启凡说心里好受多了，本来自己也是一个心里不太存事儿的孩子。谁曾想，之后的一切像噩梦一样。

启凡的妈妈转天来到了学校，找到了班主任老师，反映班里同学欺负启凡，起难听的绰号，还取笑家长。启凡一直是乖孩子，因为被取笑都情绪失控了,而且不想来上学了,所以老师必须要好好处理这件事。班主任听到后很惊讶,因为她刚接这个班不久,不怎么了解情况,听启凡妈妈说是一起做沙盘游戏的同学说了什么,引起的问题,而且班里还有其他同学也经常用不友好的绰号取笑启凡,要求老师查实教育。

班主任赶紧找来那天一起做沙盘游戏的孩子谈话,了解情况后批评几个孩子不尊重同学,不够团结。即使是没有恶意的玩笑也可能给别人带来很大的伤害,现在出现心理问题的孩子那么多,不希望自己班的学生也出现问题。然后在当天班会课上,班主任又强调了同学之间开玩笑要有分寸,别口无遮拦,伤害别人是不道德的行为,等等。反正同学们都知道老师说的是启凡的事情,因为启凡的妈妈来找老师告状了,老师找了好几个同学谈话。启凡说生平第一次有如芒刺在背、无地自容的感觉。

晚上放学后一见到妈妈,启凡就发起脾气来,怪妈妈不和自己商量就擅自决定到学校找老师,简直是帮倒忙,这下好了,同学们肯定恨死自己了。妈妈说没有那么严重,只要老师管这件事,同学们就再也不敢取笑他了。老师是干什么的,就是管理学生的,有情况不反应也不是好学生。妈妈还说启凡一直是善良的孩子,不会主动去找老师告状,所以妈妈来反映情况就好了。妈妈连珠炮一样的说辞把启凡噎住了,他没话可说,因为自己从来就说不过妈妈,只能生闷气。

不出所料,那之后启凡感觉到同学们都怪怪的,有变客气了的,也有躲远了的,甚至有一些同学都不理睬自己。这种感觉太糟糕,他鼓起勇气和周围同学讲话，感觉大家也都很敷衍，看自己的眼神基本都是一闪而过。

启凡很难过，眼睛湿漉漉的，说："就在刚才，我吃完午饭从外面回来，进门前听教室里有同学说我就是如假包换的'妈宝男'啊，什么破事儿还值得妈妈来告状什么的。另一个同学说别再找事儿了，回头他妈妈找完老师再找家长可就不好了，说我妈初中时就干过这种事。"说完后，启凡的眼泪终于流了下来。

给他递过去纸巾，我问："启凡，初中时你妈妈因为你的事情找过老师吗？"

启凡点点头，吸着鼻子说："嗯，那个说话的同学和我初中同班，我停在教室门口，进也不是，退也不是，心里特别难受，不知道该怎么办，于是转头离开了，先是在操场看台上待了一会儿，然后想起心理辅导中心，就来了。"

3. 妈妈的羽翼会伤人

启凡折腾了这一中午，看着很疲惫。我给他倒了杯水。他说了这么一大段话，也没那么激动了。我说："启凡，能否给我讲讲你绰号的来历？"

他喝了一口水，皱皱眉头，回忆了片刻，说："哦，是刚上初中的时候，学校的活动比小学丰富，什么演讲、朗诵、辩论、画画、毽球、足球、跳绳比赛之类的，很多。因为班里男生少，基本所有男生都要参加一些项目，可是我从小身体就不好，妈妈不允许我参加太多活动，尤其是体育运动。所以班委问我是否能参加某项活动时，我会习惯地说'我问问我妈妈'。那时班里几个调皮的男孩子因为这个总是取笑我，说我是妈妈的小宝贝什么的，后来不知道怎么就成了'妈宝男'。那以后我很注意不说那个口头禅了，可是绰号越传越广，后来外班同学也知道了。"

"看来这个你很反感的绰号跟了你好几年了啊。"

"是呢，老师，我很烦恼，也没有办法，反对也没有用，只好装作不在意，谁知道竟然还带到了高中。"

"你刚才说初中时妈妈也做过类似的事情，能说说是怎么一回事吗？"

"是和这件事类似，当时是初二吧，在操场上一个同学喊我绰号，我非常生气，就和他起了冲突，然后打架了，因为我太瘦弱，没怎么样我自己就摔倒了，衣服也弄脏了。放学时我妈妈看到了问怎么回事，我从来没跟人打过架，妈妈一问就哭了起来。结果妈妈气坏了，我不停地解释是自己冲上去的，虽然是喊了绰号，但是同学也没动手，可是我没拦住妈妈的怒火。那件事情折腾得有点儿大，她不但找老师，还找了当时操场上喊我绰号的孩子的家长。不过那之后同学们好长一段时间都不喊我'妈宝男'了，倒是挺好。"

"那是妈妈的帮助有效果喽？"

"唉，就算是吧，可是问题没有解决啊！不过那会儿我还是小，不懂事，也不太在意同学们的看法，他们应该也有疏远我，只是我没太觉察。妈妈时不时就会来学校看一看，同学们偶尔会取笑我，说又看见我妈妈了，我妈妈那么厉害没人敢惹我什么的，之后的日子过得倒也平静。"

"你说的'问题没有解决'，指的是什么？"

"就是我的确是一直很听我妈妈的话啊，这是一个问题，我不能一直不长大吧！"

"哦？启凡，你什么时候意识到依赖妈妈保护是一个问题的呢？"

启凡叹了口气，开始给我讲之后的事情。升入初三后，功课变得很紧，妈妈给启凡报了好几个补习班，虽然启凡身体不是很好，妈妈不让他参加活动，可是补课一直不能少。他在补习班里认识了一些外班的同学，其中有一个活泼开朗的女孩儿，启凡比较喜欢，跟她总在一起讨论问题。有一次课间，这个女孩儿问启凡为什么长不大，都初三了还什么都听妈妈的，那不成了"妈宝男"了。启凡闻言心里一惊，想着看来还是有同学在背后说自己，就问是谁告诉她的。女孩儿说还用谁告诉吗，平时聊天儿说起来还补什么课呀，在哪补啊，启凡都是回答"我妈妈说的""我妈妈找的"。女孩儿和启凡说话的口气很像个大姐姐，启凡觉得很别扭，第一次因为自己不像一个大男孩儿忧愁。

从那以后，启凡开始注意不是什么事情都跟妈妈讲，可是妈妈好像神通广大，什么都瞒不住她，他觉得自己和妈妈的关系就像孙悟空和如来佛祖。启凡也时不时来点儿小叛逆，可是并没有什么用。妈妈要不就是一大篇道理讲得他晕头转向，使得他最后懒得坚持自己；要么就是生气地批评他。启凡是妈妈一手带大的，听话都成了习惯，妈妈声音一变严厉，自己就本能地投降了。好在初三那年外婆身体不太好，妈妈分身乏术，不怎么来学校，启凡觉得和同学相处得也比之前好了一些。

升入高中之后，启凡非常希望能和新同学相处融洽，改变之前在别人心目中的形象。所以来到新班级后什么事情都尽量主动，也很注意举止稳重，说话办事老成。起先感觉非常不错，可惜好景不长，一次班会课上，某个班委策划了一个活动，说是面对过去的黑暗才能寻找未来的光明，竟然让大家分享之前的绰号，启凡后背冷风嗖嗖。轮到启凡，他支支吾吾地说没有，结果班里有初中同学立刻揭穿，说怎么没有，"妈宝男"啊。结果启凡的绰号竟然当选"最佳创意绰号"。启凡说他当时心里难过极了。

美好的高中生活过于短暂，之后"妈宝男"几乎成了启凡的名字，为了不破坏好不容易建立起来的同学关系，启凡一忍再忍，再不爱听同学这么叫他都逼着自己装作若无其事。可是心里这个疙瘩一直都在，就是觉得这是对自己的侮辱，但有火也发不出，很难受。结果上次团体沙盘游戏后因为在妈妈面前的冲动，产生了魔鬼效应，自己真是不知道该怎么办了。启凡说到这里又开始哭了。

4. 开启蜕变之旅

午间时间差不多用完了,我问启凡:"已经到了上课的时间了,你是回去上课,还是继续梳理自己的问题?"

启凡说:"老师,我不想回班,我不知道该怎么面对同学。"

"如果不回去上课就要找班主任请假,你是否愿意和班主任先做一个沟通,把沙盘游戏当天发生的事情,以及和妈妈的对话跟老师澄清一下?"

启凡想了想,轻轻摇了摇头。

"如果有班主任的理解和支持,之后的问题会好解决很多啊。"

见他还是很犹豫的样子,我启发了一下,问:"你一直都想做个男子汉,可男子汉有什么特点呢?"

启凡琢磨了一下,说:"老师,你是想说男子汉要勇敢面对是吧。"

"真是聪明的孩子!"我们相视而笑。

我请来了启凡的班主任,是个刚毕业没多久的老师。她了解了情况之后一脸释然,拍着启凡的肩膀说:"你能跟老师说出自己的想法太好了!我看你学习工作什么的一直很认真,只是感觉你胆子有点儿小,你妈妈也说你身体一直不好,又说因为同学欺负你都导致你厌学了,我很紧张,生怕出什么事情,知道真实情况我就放心了!我做你的伙伴,咱们一起解决这个问题!"

之后我们三个一起讨论如何让同学们了解事情的真相,帮助启凡得到大家的理解和谅解,重新回到之前的同学关系中去。最后敲定的方案是首先班主任老师要向同学们澄清之前的误会，是因为没能理解启凡妈妈的话，把小事放大了，才狠狠批评了几个相关的同学。然后启凡要和同学们沟通一下，把自己的真实感受告诉大家，因为同学们并不知道他很不喜欢"妈宝男"这个绰号，才总是这样叫他。在我和班主任的鼓励下，启凡下定决心开诚布公地向同学们说明，是自己对真实想法的掩饰，以及在妈妈面前的发泄，才导致如今的局面，还有很愿意和大家做朋友的心愿。

之后一切进展顺利，一周后，启凡来办公室找我，很开心的样子，眉飞色舞地讲述他在班里发言的经过。启凡跟同学们说了事情的原委，和自己很久以来的烦恼。他告诉同学们自己初中的经历以及高中的心路，第一次感受到向别人表达自己真实的内心是那么美妙，虽然紧张，但是非常坦然。沙盘游戏时拿启凡开玩笑的同学也向他道歉，他们说虽然没有恶意，但也并不想把快乐建立在别人的痛苦之上。

我问他："这个问题已经很好地解决了，是否还有什么需要进一步思考的呢？"

启凡转了转脑袋，说："嗯，还有一个问题，就是怎么能让妈妈不要管得太多呢？"

"这是一个好问题！你有什么办法吗？"

"这几天我自己也在想，如果做事像个大孩子，妈妈是不是就不会事事都管了呢？"

"聪明！一语中的！"听到夸赞，启凡的脸上充满光亮。

我们俩就大孩子有什么特点讨论了一下，比如在妈妈面前不要以什么都不说的方式来应对，也不能在出现矛盾冲突时过于情绪化，理智平和的沟通是让妈妈觉察自己长大的最直接最有效的方式。比如这次的绰号事件,前因后果就应该和妈妈开诚布公地谈。我答应启凡,如果妈妈的工作做不通,还是要来学校干涉启凡的学校生活,我会帮他和妈妈交流一下。

第三次见到启凡,他情绪平和愉悦,告诉我说和妈妈认真谈了一次,按照老师建议的,给妈妈倒了杯水,请她坐在沙发上,很认真地进行了谈话。启凡将自己的烦恼和妈妈仔细说了,因为太依赖妈妈,缺乏信心,伙伴关系也不好,这成了他不小的心结。他还将来心理辅导中心做个别心理辅导的过程,怎么请班主任帮忙,如何向同学们解释,都跟妈妈详细说明了一下。启凡说妈妈当时有点儿无措,好像挺难相信孩子怎么会一下子长大,怎么有那么多烦恼,那么多想法,而且还独自做了那么多事情。启凡告诉妈妈其实自己一直在长大,以前是妈妈照顾自己,以后要换自己照顾妈妈。自己很想成为真正的男子汉,所以遇到问题会和妈妈讨论,但是拜托妈妈千万不要再替自己解决问题了。两人还制定了一份比较详细的责任、权利、义务书。

虽然没见到启凡的妈妈,但我推测她并不是那种不分是非保护孩子的妈妈,天下没有完美的父母,懂得改变就很棒。

5. 写在后面

不能过度补偿

很多家长对孩子的溺爱和过度保护,根源是觉得自己对孩子有亏欠,从而过度补偿。

一次家长会后，启凡妈妈来见我，她来感谢我对孩子的帮助，说如果没有心理辅导老师，孩子还不知道会出现多大的问题呢。启凡妈妈说孩子是早产儿，在保温箱里待了好长一段时间，身体发育的速度比同龄孩子慢很多。家人都特别宠爱他，尤其早产是由于自己不小心才造成的，所以觉得特别对不起孩子。这么多年一直都在不停地补偿，自己多累都可以，孩子不能受到丁点儿委屈，所以像老母鸡一样时刻盯防，没有想到孩子逐渐长大，这个做法差点儿造成大问题。

无论是身体还是心理出现问题后，都有一个逐渐调整、慢慢痊愈的过程。即使是无法改变的伤害，也会随着时光的流逝，不再有那么大的痛苦。而过度补偿的做法不但无法改变之前的损伤，还会带来新的问题，往往和补偿者的初衷背道而驰。所以爱虽然出于感性，却一定要止于理性。

温室里长不出参天大树

过度重视脑力开发，过度防止身体损伤，过度屏蔽人际冲突，是很多家庭，尤其是独生子女家庭存在的共性问题。

比如启凡的家长，因为孩子身体不好，所以很少允许孩子参加活动，但是学习必须得好，因为这样以后可以选一个轻松的职业，所以从上小学开始，就是学习最重要。虽然看起来很有道理，但是孩子的社会化需要一直在发展，他们要有伙伴，有朋友。运动和玩耍是和伙伴相处最好的方式，但是启凡基本被剥夺了这些权利，他一直不知道如何做决定，也不知道怎样和同学相处。

即使体质不够好，甚至身体有缺欠，也要尽量支持孩子参加一些和同龄人合作的活动，最好是户外活动。在大自然和小伙伴一起玩耍，是孩子们打开内心、自由呼吸、健康成长的最佳方式。孩子们在一起学习和玩耍，自然会有矛盾和冲突，有欺负和被欺负，这就需要成年人的正确引导和帮助，让孩子们慢慢积累在社会生活中保护自己、与他人合作的重要能力。

包办代替是自私的爱

父母对子女的爱始于天性，是本能的反应，尤其是在孩子体弱多病的情况下，照顾得就更细致入微了。然而爱孩子到底是为孩子考虑，还是为了满足自己要为孩子付出的需要；自己的爱到底是给孩子的成长助力，还是凭空增加了阻力，就必须要审时度势、与时俱进地进行思考和调整。

年幼时包办代替，父母可以收获安全与踏实，孩子也能感觉到安全与舒适。但随着孩子年龄增长，如果父母迟迟不肯放手，还是过多介入，就可能招致反抗，或者给孩子带来无穷的烦恼。生存是一门必修课，这个关键的课程只能在生活中遇到困难和伤害的时候进行，一味阻止孩子受到伤害，比如拒绝和出现冲突的伙伴再来往，孩子受气之后立刻出手相助，不让孩子去做不擅长的事情，放大优点绕过不足，等等，看似爱惜和呵护，其实都是对他们获得适应能力甚至是生存能力的阻碍，迟早会收到恶果。

如何解决自己毫无主见的问题

有一点可以确定，我们都不想被他人称为"巨婴"。而"巨婴"性格的形成，说到底是我们没有独立的思考能力和主见，凡事都要征求父母的意见。而这种习惯的养成，一般都源自我们幼年时期父母的过度掌控和自己的过度依赖。要想改变这种性格，我们首先应该问问自己内心真正的需求，从自己的合理需求出发，用合适的语言表达，并尝试着对自己面临的事做出决定，不管结果如何，都要勇敢面对，同时也要与父母交流，告诉他们自己已经具备面对未来和人生的能力，请他们给予自己适度的空间，从根本上解决自己毫无主见的问题。

故事二
全能高手的难言之隐

宇阳是一个四代单传的男孩儿，聪明伶俐，他说自己的名字很有深意，兼具宇宙的博大和太阳的耀目，承载着整个家族的期待。这个在爱海里浸大的孩子，尽得家人的宠溺，可是这无边无际的爱的海洋，可能是美好甜蜜的，也可能是孕育遗憾和不甘的苦海。

1. 考场中的初见

那是一个阴冷的冬晨，北风呼啸，高一的孩子们开始了期末考试。这是他们进入高中以来第一次大规模联考，几所重点高中联合出题，学校很重视，孩子也很在意，气氛要比平常肃穆很多，分发试卷之前，孩子们开玩笑说这肃杀的天气真是极为应景。

考试开始了，卷子发下去后教室里便只闻写字的沙沙声，一个个黑黑的小脑袋低着，一张张聚精会神的小脸或谨慎或舒展，安静又生动。我非常喜欢考场上极其认真地答题的孩子们，平时课堂上也很少有机会去观察每一个孩子，这会儿可以一个个仔细端详，所以我并不觉得监考无聊。

故事二
全能高手的难言之隐

很快,一个靠窗的男孩儿吸引了我的视线,因为他虽然也是伏在课桌上,但是手中的笔并没有动,眼睛也是斜看着窗外,观察了他一会儿,确定应该不是在思考问题,为什么不答题呢?我带着疑惑走了过去,顺着他的视线看去,窗外的枯树枝上并没有什么好看的好玩儿的,只是一个被风刮上去的破旧塑料袋儿在苦苦挣扎而已。我看了看他答题纸上的名字,宇阳,学号是他们班的首位,应该是入学成绩最好的孩子。

在他的身边站了一会儿,他貌似毫无觉察一样地一动不动,可是瞬间错动的眼神和拉紧的身体分明在背叛他的伪装,这孩子应该一直知道我在观察他。又过了一小会儿,我碰碰他的肩膀,轻声问他:"为什么不写卷子呢?"

他这才慢慢转过脸来,但是并不看我,只是咕哝着说了一句:"不着急,时间够用。"

之后宇阳没有再看窗外,但也还是磨磨蹭蹭,有一眼没一眼地看着卷子,并不像其他孩子那样争分夺秒地写题。提醒他之后我就离开了,因为监考老师不能干扰孩子们太多,即使不用心参加考试,也是他的自由。但是宇阳给我留下了比较深的印象,因为他考试时的状态,也因为他的入学成绩遥遥领先,两者相比反差太明显。

很快就到寒假了,碰巧见到宇阳的班主任,我随口问了句:"你们班的宇阳考得怎么样?"

"您怎么知道我们班的大宝贝?看来这个宝贝真是名声在外了!"班主任老师很惊诧。

我简单说了一下考场上看到的情况,班主任老师说:"是啊!

就那样参加考试可能考好吗？！这孩子从入学成绩年级前十，倒退了两百多名，这才半个学期，就跌成这样了，真是没辙。"

　　班主任简单说了说宇阳的情况，这孩子很聪明，就是太不踏实。刚入学因为成绩是班里第一，也积极主动地表现，所以是当时的代理班长。但因为他的工作方法太独断专行，开学一个月后重新选举班委时就落选了，他因此受到了打击，情绪低落了好一段时间。家长找到班主任，替孩子说情，说宇阳从小学开始就一直是班干部，大队委、班长、学生会干部等都当过，工作能力没有问题，希望老师可以扶持一下。可是高中的学生自主性都很强，主要得靠自己努力争取才行，班主任也很为难，最后给安排成自己的课代表了。

　　最后班主任忧愁地说："类似您看到的这种情况，之前也出现过，和宇阳谈过几次也没见效果，这次联考考得这么差，不知道下学期他又会怎么样，也许他需要做一下心理辅导。"

　　"好，如果有必要就预约辅导时间。"我答应班主任，宇阳在考场上的样子又出现在眼前，不知道这个孩子究竟存在什么问题。

2. 谜一样的"全能高手"

　　宇阳所在班的心理成长课是同事教的，我去听课，以"开学适应"为主题，课堂上孩子们要交流分享假期生活、开学感受以及新学期的规划等等。宇阳的小组离我比较近，可以很方便地观察到他。

故事二
全能高手的难言之隐

他坐得离伙伴比较远，头微微仰着，时常看向窗外，显得心不在焉，一副懒得掺和的表情，但是眼角的余光又时不时地扫着同学们，其实他一直在关注大家说什么。假期生活大同小异，都很忙碌，主要活动无外乎是上补习班、写作业、探亲访友、短期旅行。

轮到宇阳发言时，他依然一副冷漠的样子，拖着声音说："也没干什么，就是出国去看了一圈儿，写作业、补课之类的无聊的事情才不做。"

话音落下，小组里一片寂静，孩子们的神色各异，彼此交流的眼神频现鄙夷和不屑。宇阳的脸扭到一边，并不去看大家的反应，后来还是组长打了个圆场，然后活动继续。看到这里，不难推测宇阳在班里的人缘有多糟糕，虽然不知道他自己是什么感受，但这样发展下去肯定不会有好结果，但他自我中心意识超强，对外界充满抵抗，并不适合主动介入，所以我还要等等看。

很快春暖花开，学校一年一度的体育文化艺术节和社团节接踵而来，孩子们一边忙于繁重的功课，一边欢呼雀跃地参加丰富多彩的校园活动，真正的不负年华不负春。很多体育活动安排在午间，运动场所挤满了参赛的队员和观战的师生，此起彼伏的呐喊和助威声，稚气未退的清亮嗓音那么富有感染力，常常吸引很多校外的行人驻足。

篮球是学校的传统项目，人气最旺，从辅导室的窗口刚好可以俯瞰，是绝佳的视角，所以我常常会在等待约谈的孩子的时候观战。一天，我忽然看到了赛场上的宇阳，高挑的身材，利索的身形，熟练的技巧，漂亮的投篮，常常引起一片喝彩。原来这个孩子会打篮球，还有这么阳光的一面啊!

除了欢腾的体育项目,艺术节中的书法、绘画、手工、泥塑、DIY 文化衫等活动也很精彩,在观摩各种作品展的过程中,我不止一次发现宇阳的名字,这个孩子真的算是全能了。关于宇阳的信息组合起来,感觉他越来越像一个谜,才华横溢、桀骜不驯、自视甚高,不知道他真实的内心世界是怎样的,很希望他的不合群和傲气十足是因为能力太强,只是显得格格不入而已。

3. "全能高手"出局

心存的美好愿望,在春尽夏至的一个午间被打破。

宇阳的班主任急匆匆地来到辅导中心,说:"宇阳问题越来越多,实在没辙了,我来求助!"

看她跑得气喘吁吁,满头汗,这班主任也真是不容易。我给她倒杯水,让她歇歇气儿。

"前一阵儿我看到他参加了很多活动啊,看起真是多才多艺的孩子呢,这是怎么了呢?"

班主任长长叹了口气,说:"宇阳的确是多才多艺,可是如果没这么多才艺可能还会好一些!"

她开始诉说详情。上学期宇阳可能主要是因为班干部落选,情绪不太好,学习状态低迷,成绩下降显著,老师和家长都在帮他找

故事二
全能高手的难言之隐

原因,树立信心,寒假时家里还给他报了去欧洲游学的冬令营。开学后觉得他状态好些了,尤其是艺术节、社团节的各种活动,他都积极报名参加。这孩子能写会画,体育也好,尤其是打篮球,这令他一度在班里的人气回暖。可是问题来了,班会课上老师表扬同学们积极参与学校活动、为班级争光,还让获奖同学发表感言,大家就是随便说说,气氛很活跃。轮到宇阳,他说获奖是个人才华的体现,不用扯上集体主义什么的,当时连班主任都有点儿不知所措,不知道怎么回应才好,班会课的温度一下子降到冰点。

还有在篮球比赛中,小组赛里孩子们表现不错,宇阳是主力队员,顺利出线。之后遇到的对手水平越来越高,宇阳在场上的表现就越来越急躁,因为队友配合不利而经常当场指责他们。第一次输球后,宇阳和同学们起了冲突,他说不怕神一样的对手,就怕猪一样的队友,之前赢球都是因为自己,现在输了就是队友水平太差。这一下,全班同学都不高兴了,集体决定之后班里所有的比赛都不让他参加,于是宇阳愤然离开学校,不肯来上学了。家长、班主任以及德育处,跟他沟通了几次,他就是不肯来,这样持续了一星期大家都没办法了,就看看能不能从心理辅导的角度想想办法。

让宇阳肯来接受心理辅导,要动动脑筋。我让班主任去家访,见一下宇阳,不要再跟他讲道理,重点在于理解他的感受,无论因为什么,不被同学接纳都是令人难过甚至生气的事情,面子上过不去,心里也一定很不好受。宇阳以前表现得那么突出,同如今的境况反差太大,痛苦会更深。同理心对于遭遇困境的人而言常常像清新甘泉,可以增加面对问题和困境的力量,谈话有效果后,就建议宇阳来辅导室。

4."全能高手"的内心世界

两天后我见到了宇阳，与之前几次见到他时看到的状态类似，面无表情，目光清冷，且很少直视对方，常常转头看窗外。初夏的阳光亮得耀目，他眼角的血丝和眼袋上的暗影清晰可见。我预感这会是比较艰难的谈话。

我问："宇阳，你是不是睡眠不太好？"

他好像没想到我会问这个，迅速看了我一眼，沉吟了一小会儿，说："没什么，就是睡得少。"

"是最近不好还是一直不好？"

"都比较少。睡那么多干吗，活着的时间本来就没多少，还都睡了。"语气生硬，一脸不屑。这孩子还真是说话很冲，也不讲礼貌，应该不是不会聊天儿，而是不屑于聊，必须把对方噎一下才好的感觉。

我呵呵一乐，说："有道理啊，很智慧的看法，那比别人少睡的时间你用来干吗呢？"

这个问题他可能更加没想到，眼睛不自觉地转向我，瞬间的迷茫令他卸掉戒备，露出疑惑的神情，这才是他真实的少年模样。然而真实的状态转瞬即逝，宇阳迅速回到厚甲重铠的防御状态，反过来问我："您想知道什么？"这孩子还真是聪明，能够敏锐捕捉到对方的弦外之音。

"我知道你有一段时间没有来上学,睡眠还那么少,不知道这大把的时间你会如何使用?"

宇阳仰起头,目光直视窗外,一字一顿地回答说:"用于思考。"

"你思考的时候是不是习惯看着窗外?"

他有一些惊讶,回头迅速看了我一眼,随即转开目光,问:"您为什么会这样认为?"

"上学期期末考试,我监考,发现你爱看着窗外。开学时听心理辅导课,你也是老看着窗外。加上现在,三次了,可以概括出来了吧。"

看来这个分析没有漏洞可寻,宇阳没有搭腔,这是默认的意思。短暂停顿,一阵微风,有月季花香飘进来,气氛稍缓。我轻声问宇阳:"上学期期末考试时我感觉你不在状态,一直没有机会问你,不知道那时候是不是有什么事情?"

"哦,没什么在不在状态,也没什么事情。"

"那为啥不抓紧答题?是一定要在考场上思考吗?"

"我觉得考试给的时间太长了,没有必要那么抓紧。"宇阳的回答让我有点儿吃惊,高中的考试题量很大,成绩再好的学生都要抓紧才行。

"你的意思是时间太富裕了吗?"

"对啊,有什么奇怪的。我从小学起就这样,和别人用同样的时间做一件事,做得好也没什么了不起,所以我习惯开考后半小时再开始答题。"他尽可能平缓的语气中难掩自得。

"啊？这样啊！"这样的说法我是第一次听到，很自然地表达了惊讶，我问他："你这样做，考试结果怎样？"

"基本都是第一名。"

"上次期末考试也是吗？"我明知故问。

他停顿了一下，说："学的内容越来越没用，没什么劲，我对名次不感兴趣了。"话语明显含糊其词，脸色也显出了不耐烦。

显然他不想讨论现在的学习成绩，于是我改变提问方向："宇阳，这学期开学，我听你们课了，我记得你说假期不写作业也不补课，平时也是这样吗？"他点头。

"是因为觉得没用处还是觉得没必要呢？"

宇阳难得地将目光对着我，皱着眉头问："没用处和没必要有差别吗？"

我深深点了下头，说："你如此聪明，不难明白两者的区别吧？"

他眼珠转了转，一副了然的神情，以略显轻蔑的语气说："一个是态度一个是能力而已。"

我竖起大拇指："给你一个赞！"

他神色稍稍明朗，这孩子很喜欢听表扬。

但是我决定不再绕弯，说："我知道你上高中之前学习成绩一直优异，升入高中后逐渐下降，这个变化不知是态度还是能力导致的？"封闭的询问可以促进他面对问题。

"是因为态度。"意料之中的答案，"我认为成绩好主要得是脑袋够聪明，拼时间拼用功是傻瓜的做法。"

"可是你不使用傻瓜的方法，成绩下降了，怎么办呢？"

宇阳果然还是回避："高中同学太功利了，只盯着学习成绩，好像只有学习好才配被重视，这样的同学我懒得理睬，也不需要他们重视，所以成绩怎样无所谓。"

看起来逃避和反向是宇阳习惯的防御机制，他坚定地与不利于自己的客观现实对峙，走进他的内心难度太大，不能轻率推进。

"宇阳，你在家待了好几天了，思考了些什么问题呢，是否愿意交流一下？"

刚才谈到学习时，他不自觉僵立的身体稍微放松了一点儿，深深吸了口气，说："其实也没想太多，都是些哲学问题，没什么好交流的。"语气依然寡淡疏远。

"你喜欢看书吗？"

"小时候很爱看，很多是家长和老师让看的。现在不怎么看了，觉得书也没什么用，很多问题得自己找答案。"

我赶紧接着他的话头儿问："对于不来上学这个问题，你有没有思考一下？虽然不是哲学问题，也是要有个答案吧？"

宇阳想叹口气的，叹到一半就迅速收回了，这孩子把自己包裹得太严。先肯定再提问的方法，对宇阳而言比较有效，所以话题相对顺利地转到关键问题上来，要直接询问。

"你为什么不肯来学校？"

"我不是不肯来，而是需要时间思考些问题，比如为什么要来上学，学校到底能够教会我什么。"

"这些问题你是最近才开始思考的吗？"

"那不是，早就开始思考了。"

"那之前存在疑惑时你也在上学,而且成绩不错,为什么目前就要中断学习,是有什么新的状况出现吗?"

这次宇阳没能立刻回答,他一直不肯面对真正的问题,所以要通过提问一步步接近核心。

"你觉得起因是和同学之间的矛盾吗?"

他改变了一下坐姿,掩饰着迟疑,依然以转换话题的方式来回避正面回答。

"高中同学太幼稚了,我觉得挺没劲,一个个的自己什么也不会,就知道挑别人的毛病,懒得和他们废话。"他语气冷淡又平稳,情绪不强烈并不是好现象,宇阳抗拒面对自己的问题,要走进他的内心世界并不容易。

"那你还是和同学们生气了,才不来上学吧?"

"我才懒得和愚蠢的人生气呢,就是懒得来。"

"你是一个很有想法的孩子,会关注同学们不会关注的角度,比如上学有什么意义,这是一个很深刻的问题。可是即使存在质疑,就要停止吗,没有想清楚之前是否有必要放弃呢?"

他还是看着窗外,若有所思。

"我相信你并不在乎同学的看法,可是很多人会认为你是因为之前和大家的冲突才负气不肯来上学的,那的确算幼稚吧。即使你不在乎他们的看法,但是有必要给人留下这样的印象吗?"

"说来说去,就是想让我来上学呗。"

我笑了笑,看了一下时间,说:"谢谢你肯和我聊这么久,今天约你来的确是因为你很久没有来上学了,想要了解究竟是什么原因，能否帮助到你。我了解到你是一个很有主见的孩子，不是随便谁说让你做什么你就会去做的，刚才的两个问题希望你认真思考一下，自己做一个决定。"

宇阳站起身来，临走前低头看了看我，算是礼貌地点点头，说："这些问题我会想一想。"然后摇晃着离开辅导室。

他最后的话是一个松动信号，估计他会重新来上学，我长出一口气。这个孩子的内心世界很封闭，如果看不到可以开启的缝隙，类似问题还会接踵而来。

5. 从"全能"到"失能"

两天后班主任打电话说："您真是太棒了，宇阳终于来上学了！"

"不要太乐观哦，来上学不代表问题解决了呢，这个孩子的自我认识和人际关系都存在问题，而且辅导很难生效。最好约一下宇阳的家长，我需要了解一些具体情况，想找一找孩子这种状态的根源，看看能不能发现促使他改变的有力资源。"

转天，宇阳的父母相携而来。

宇阳的父母是很普通的中年人，单从外部特征上看，宇阳继承了父母的全部优点。夫妻俩很客气，对于能够劝说宇阳重新上学感激不尽。我开门见山地说出对孩子状态的担忧，虽然来上学了，但是根本问题并没有解决。寒暄的笑容隐去，取而代之的是孩子出现问题的中年父母无奈又无措的神情，尤其是宇阳妈妈，眼含泪水。宇阳爸爸比较冷静，先是数落妻子失态，之后开始介绍宇阳的情况。

爸爸说宇阳是四代单传的男孩儿，出生后就是全家的宝贝，起名字就费了好大周章，宇宙的博大和太阳的耀眼，是全家人对他的期待。这孩子生得聪明伶俐，人见人爱，3岁就能背诵很多古诗，也认得不少字，甚至英语单词，是家人朋友中有名的小神童。上幼儿园之后开始学习钢琴，后来又学了书法、绘画、唱歌等等，学什么像什么。上学后是个老师特别喜爱的孩子，不但学习成绩好，基本所有的比赛，包括运动会，都能拿到名次和奖励，为了展示宇阳的才华，家里的书房成了荣誉室，证书、奖状、奖杯，占了满满一面墙，真正是惹人艳羡的"全能高手"型孩子。

宇阳爸爸妈妈沉浸在儿子以往的辉煌中，满脸的喜悦，满眼的自豪。听得差不多了，我问了一句，孩子小时候好像样样都好，那有没有发现有什么不够好的方面呢。夫妻俩对视了一会儿，若有所思，妈妈说孩子是真的特别优秀，好像没有什么不好的地方。爸爸补充说家里一直坚持赏识教育，觉得好孩子是夸出来的，所以很关注优点，而且孩子优点实在很多，即使犯点儿小错，也很正常，就是简单说说。在宇阳上小学的时候，自己还经常在家长会介绍赏识教育的理念呢，甚至还在全校家长会上发过言。

我请他们具体说说小错指的是什么，宇阳爸爸说就是孩子脾气不太好，有时候在家里任性了点儿，也是因为爷爷奶奶太宠着了，饭菜不合口就闹一闹，必须吃到自己想吃的。想要的书没及时买回会发脾气，比赛名次不好回家也会哭闹什么的，他们觉得这都是有

故事二
全能高手的难言之隐

上进心的表现，不应该算缺点吧。

听到这里，我大概已经清楚宇阳为什么会成长为目前的状态，心里长长叹了口气，有点儿无望。但我觉察到自己情绪不对，赶紧调整了一下，接着问宇阳这种全面领先的表现持续到几年级。好像突然回到现实一样，夫妻俩的神色又逐渐暗淡下来。说初中以后吧，宇阳考进最好的学校，开始还是一如既往的优秀，先是班长，后来进入学生会。因为个子高、身体素质好，还被挑选进篮球队。孩子样样都好，不用操心，所以想参加什么活动家里都是支持的。初一上学期期末家长会，老师表扬班里的孩子时宇阳被提到的次数是最多的，到了学年末，却连个三好学生都没有评上，当时孩子回家气得不行，说不公平，有黑幕什么的，一顿闹。转天宇阳爸爸赶紧去学校了解情况，班主任说三好学生的选票都是孩子们自己填写，加上任课老师的选票一起统计，最后生成的名单。老师说可能是宇阳下学期在班里发过几次火，包括因为班级工作和其他班委意见不合，参加比赛时人员安排和策略之类的意见不统一，都是小事。但是宇阳不太容易接受别人的意见，应该是他觉得同学基础差的原因。没选上也不见得是坏事，青春期的孩子要渐渐学会管理情绪，自我调整，才会有跟好的发展。

父母回家连哄带说地做了很多工作，这件事算是过去了，但是从那以后发现宇阳回家发脾气的次数越来越多，老师也时不时找家长反映孩子情绪太容易波动了。总之这样三天晴两天阴的日子过了很久，家里的气氛也随着他的心情变来变去。家人跟孩子说到了中学其他的都不重要，学习好是重点，看来孩子听进去了。虽然常常不写作业，考试也不怎么复习，但因为他很聪明，所以成绩一直非常好。升入初三后换了班主任，非常重视成绩，毕业班也没什么活动，宇阳经常被表扬，心情明显好转，后来以极优异的成绩考入重点高中。没想到这么完美的孩子，竟然会有一天不肯上学。

我建议宇阳的父母调整一下对孩子的教养方式，不能一味地顺着他的意愿。而且不来上学最突出的矛盾是同学关系，学习成绩不佳也与宇阳紧张的人际关系和消极的情绪状态密切相关，最好可以引导孩子分析一下和同学相处时自己处理不当的地方，最简单、最有效的方式是调整自己以适应环境。再有高中功课难度增加很多，就算再聪明，用他以往的方式很难在学习上得到优势，所以在学习方法和态度上也需要调整。如果孩子愿意接受帮助，随时可以预约心理辅导。

那之后宇阳没有再来找过我，他成绩一直下降，班里和学校的活动也不再参加，不来上学的频次和时长都在增加，成了有辍学可能的需要高关怀的孩子。我和宇阳的父母又见过几次。主要还是爸爸在管理宇阳，妈妈没有什么地位和作用。宇阳的以自我为中心有相当一部分很像他的爸爸，习惯外归因，不容易接受别人的建议。宇阳爸爸话里话外还是觉得学校的管理和宇阳所在班级存在问题，所以提出要转班。一方面是学校管理条例中不允许转班，再者都在同一个年级，信息畅通无阻，转班并不是明智的选择。

高二开学时，听说宇阳转学到一所国际学校。后来通过在那个学校工作的心理老师了解到，宇阳在新学校一样不适应，还去见过心理医生，效果也不明显。高三时休学了一段时间，最后只是上了一所南方的私立大学。

6. 写在后面

这是一个辅导无效的个案，多年来一直在我的脑海里，我时不时可以回想起当年那个在考场上盯着窗外看的少年。一个天资聪颖的孩子，成长中的问题没有解决，不知道后来的他生活得怎样。

过度保护不是真正的关爱，是实际的伤害。不加分辨地一味赞美就像肥料过于充足，不仅不助于成长，反而深受其伤。

很多家教理念，家长以及其他教育者只知其表，不明其理，还不如不用，顺其自然更好。比如赏识教育的本质，是要尊重孩子作为完整的生命体所具备的一切特点，聪明与否，能力如何，性情怎样，没有好坏的差异，只有是否适当。发现不适宜的想法和做法就要批评和矫正，但是要对事不对人。

很多家庭因为孩子只有一个，难免宠爱，经济条件很好，不想委屈孩子，这都很正常，但是对于品性的培养绝对不能含糊。可是如宇阳家人一样本末倒置的观念和做法比比皆是，学习好最重要，有才华最值得称道，做人谦和、自律、内省、尊重师长、肯定他人、合作共赢等等优良的个性品质反而放置于后，迟早酿成苦果。

有一句话说得很好：只有学习不好并不可怕，只有学习好才真正值得担忧。

如果成绩、业绩不好，我们该如何面对自己

如前文所说，如果我们所有的优点中，只有学习好或者工作能力好这一项，那么才真正值得担忧。任何的好成绩，都要在良好的人品架构之上，这样的我们，才是真正的优秀。如果我们已经拥有了谦和、自律、内省等优秀品质，那么我们应该先庆幸，庆幸自己已经是一个值得尊重与被爱的人，在这之后再去努力学习、工作，才是锦上添花。

故事三
小丫头竟然有两副面孔

馨茗是人气很旺的"学霸校花",聪明勤奋,学习成绩非常好,长得漂亮,而且能歌善舞,性情亲切温和,老师和同学们都很喜欢她。这样一个看起来近乎完美的女孩儿,很难想象回到家中的她会判若两人,"天使"可以秒变"魔头",一次与父母剧烈冲突后她离家出走,于是真相显露,馨茗原来是个"双面"女孩儿。

1."校花"出走事件

冷冽的冬日,细雪盈空,时而呜咽的北风拍打窗棂。午间的光线依然略显昏暗,我站在辅导室窗前,观望校园中庭不畏寒冷追逐嬉戏的孩子们,心境异常平和清明。

背后传来轻轻的脚步声,一定是约谈的孩子来了,我转过身去,看到的正是那个近来经常被学生和老师们提及的漂亮姑娘,馨茗。

馨茗的中考成绩优异,进入理科实验班,因为长相甜美,身材匀称高挑,性格开朗大方,又能歌善舞,顺利进入学生会的文体部,入校没多久就小有名气,很快被同学们称为"学霸校花"。

在我的印象中这个女孩儿很爱笑，课前课后总见她和同学们聊天嬉闹，看得出来她人缘很好。漂亮姑娘本来就很惹眼，难得的是还聪明活泼、自然亲切，熟悉的老师也都很喜欢她，感叹很少能遇见这么完美的孩子。然而后来发生的事情证明，世间的完美并不容易存在。

馨茗之所以来见我，是因为不久前她离家出走了十多天，"校花出走"可是爆炸性新闻，各种版本的信息在学校中传得沸沸扬扬。

起初馨茗出走的事情学校并不知道，家长跟班主任请的是病假。后来一直找不到孩子，只能报警。警察来学校调查情况，因为馨茗是学校的公众人物，所以消息传播得很快，听说的人都很震惊。

发动了各种力量，包括警方、学校还有馨茗的同学和亲友，在她出走后的第10天，终于找到了她，万幸的是她没有受到什么伤害。发生这样的事情必有原因，相关老师和学生干部一起商讨，首要任务是帮助她尽快恢复正常的学校生活。

馨茗回来后并没有耽搁，转天就来上学了，不过和以前大不相同，她变得沉默寡言，要好的同学和她说话也不怎么理睬，大家不敢多说什么，班里的整体气氛都比之前严肃很多。

班主任见她回避谈话，便只是简单鼓励了几句。原以为离家出走的事情大家都知道，她重新回到学校难免会不自在，适应一下就好了。可是观察了几天，她沉默自闭的状态依然没有任何转变，班主任很担心，于是来到心理辅导中心找我。

馨茗妈妈解释说孩子出走头两天没说实情，还请病假实在是怕影响不好，以为孩子很快就能回家，没想到怎么也找不到。以前她也

故事三
小丫头竟然有两副面孔

时不时请病假,班主任原本以为是因为孩子体质不太好,看来并非如此。馨茗这次离家出走是因为和父母闹矛盾,冲突太激烈了,母女俩推搡起来,爸爸拉开她们的时候推倒了馨茗,她大闹着要离家出走,爸爸妈妈气头上也没拦着,因为之前也这样闹过,都是生气地跑出去,天黑就回来了,没想到这次她这次真的不回来了。

之前馨茗离家出走的几次都是什么缘由,这次究竟因为什么争吵,孩子和父母之间到底存在哪些不能调和的矛盾,馨茗的父母并没有和班主任多说,明显感觉到他们在掩饰什么。班主任担心馨茗的状态一直低迷下去,影响学习不说,怕再出现什么极端行为,到时候措手不及,因此希望我可以给些建议。

没有了解到事件的全部过程以及馨茗家庭关系的真实情况,我无法给出建议。按常理推断,馨茗的父母一定是最担心孩子的,但出了这样的状况,父母又不主动与老师沟通,着实令人疑惑。

班主任说家长学历都很高,是各自单位的领导,究竟为什么要掩饰问题并不清楚。看着开朗乐观、勤勉努力又知书达理的孩子,怎么会有那么极端的另一面,又怎么会和父母之间冲突至此呢?孩子在学校和家中表现得越是不一致,问题就越是复杂。唯有了解清楚来龙去脉,找到问题症结,才有可能帮助到孩子,于是我请班主任约家长和我见面。

2. 母女之间的裂痕

和班主任谈话的转天，馨茗的妈妈便来到辅导中心。她是个美丽的中年女子，衣着朴素，端庄整洁，而且保养得很好，看着比实际年龄要年轻很多，虽然显得局促，但不失娴雅气度。只是她面容苍白，看得出来她很疲倦。

"今天气温可是够低的。" 我请她坐下，给她倒了一杯热水给她暖手。

"是啊是啊，您这么忙还来打扰。"她寒暄着，声音低沉柔和。

"看起来女儿还是像妈妈，漂亮又聪明。" 我把话题自然地转到馨茗身上。

她稍微恍惚了一瞬，回过神来，不置可否，隐隐叹了口气。她尽量做出坦然的表情，费力舒展着眉头，焦虑反而显得更清晰。

"青春期的孩子和父母冲突是正常现象，不过像馨茗这么强烈的很少，家长和孩子之间是不是先前就有累积的矛盾和误解呢？"

馨茗妈妈手中转动着水杯，眼神凝聚在水杯中，似乎在思考着什么。过了一会儿，她抿了抿嘴，抬起头来，看起来是想要说什么，然而与我对视了几秒后便转开视线，眼睛里忽然有泪花闪烁。隐藏真实情感也许是她的一种职业能力，可是面对儿女，再强大的父母也会变得无奈甚至脆弱。

递给她几张纸巾，我轻轻叹了口气，为人母者感同身受："带大一个孩子真的不是一件容易的事情，哪怕是叱咤于职场，管得了千百人，却不一定能带好一个孩子。孩子离家出走那么久，想到有可能遇到的危险状况，我心里多焦灼啊，我只是想象一下，心里都会害怕紧张得要命。"

馨茗妈妈的眼泪终于决堤，一度泣不成声，我怀疑很久以来她都没有尽情哭过，宣泄出来是好事。

平静下来之后，馨茗妈妈说："我想跟您都说出来，不再掩饰了。这么多年来自己一直都在掩饰家庭的状况和孩子的问题，以为掩饰是一种保护，其实是我一直不愿意面对在家庭生活中自己一直很失败这个事实。"

她说自己来自一个小城镇，学历也不高，从小就很要强，是一直不肯服输的类型。当年没能读大学不是自己能力不够或者不勤奋，而是家里不给自己读高中的机会，只能去念中专。不肯安于小城镇生活的她经历了太多事情，包括家人的反对和嘲讽。后来历经磨难，终于在大都市里找到自己的位置。

后来的婚姻看起来也不错，馨茗的爸爸是博士，爷爷奶奶都是工程师。也许自己骨子里还是自卑吧，馨茗又是个女孩儿，爷爷奶奶很想要个孙子，所以从女儿生下来开始，自己就一直很焦虑，生怕这个孩子带不好，婆家会更不满意。

带着这种心态，妈妈对于女儿的教育可以用"严苛"两个字来概括。不仅要学习好，还要多才多艺，尤其是不可以表现出软弱，孩子小时候没少因为哭挨打。妈妈其实是把女儿当成儿子在养育，她承认自己也一直希望有个儿子，强大独立，可以成为妈妈的依靠。

女儿在严教中长大，小时候非常顺从，学什么都很优秀，从上幼儿园开始就一直是同龄人中的佼佼者。馨茗小时候很害怕妈妈，但是小孩儿依赖妈妈是天性，所以馨茗小时候并没有很叛逆，但随着年龄的增长，她和妈妈越来越疏远了。

打她上初中后馨茗开始逆反，时不时和妈妈发生冲突，妈妈生气了就开始动手。爸爸原本不太介入对女儿的教育，因为母女间纷争不断也不得不被卷入，厌烦之余夫妻也会起争执。女儿的反抗越来越强烈，时不时像发疯的小野兽一样，会把妈妈也吓一跳。但是妈妈心里依然坚定地认为绝对不能由着孩子，这么好的家庭条件，想读到哪里就读到哪里，凭什么不珍惜。

可是女儿并不理解妈妈的想法，经常讽刺妈妈是在通过孩子满足自己的私欲，好在女儿没有放弃好好读书，在学校里表现一直不错，只是回到家里越来越暴躁易怒。怕影响女儿在外面的形象，妈妈从来不跟班主任以及亲戚朋友说孩子在家里的真实表现，更没有想过向谁求助，以为过了青春期懂事了就好了，没想到情况愈演愈烈。

3. 她的愤怒与沉郁

馨茗这次离家出走的起因是妈妈看了她的 QQ 空间。一个看网名和头像应该是男同学的人，和馨茗互动频繁，妈妈担心她早恋，于是提醒馨茗。没想到刚提了个话头女儿就疯了，把书本和文具扔了一地，甚至砸到站在房间门口的妈妈的头上，更可恨的是她还说脏话。

故事三
小丫头竟然有两副面孔

妈妈很愤怒，冲过去打她，结果馨茗和妈妈撕扯起来，已经比妈妈还高的馨茗用尽力气推搡妈妈，爸爸赶过来想把她们拉开，结果力气用大了，馨茗摔倒在地上。这下坏了，她先是躺在地上大哭，怎么拉也不起来。爸妈索性不理她，逐渐停止哭泣的馨茗开始起来收拾东西，很快就背着书包要出门。

原本那天下午有补习班，爸爸问她还去上课吗，她甩了一句不会再回来了就走了。以前闹起来馨茗也会跑出去，也说过要离家出走，但是很快会回来，妈妈还在生气，爸爸也非常恼火，就都没管她。没想到很晚了孩子还是没有回来，电话也关机，夫妻俩越来越着急，开始想各种方法寻找。

找了三天依然音信全无，情急之下也管不了那么多了，只好报警，向学校和孩子的朋友、同学寻求帮助，最后是女儿初中同学的爸爸偶然在离家几十公里的另一个区看到了馨茗，她竟然去试读了一个艺考的美术培训班，和在那里学习的孩子们住在一起。馨茗从小就学习绘画，而且看起来是独立自主的孩子，在培训班里也表现得平静而开心，因此一点儿也没引起培训班老师和同学的怀疑。

这件事情发生后自己没少被丈夫和公婆指责，恐惧和焦虑之下都忘了反驳，只是不停地祈祷孩子不能有事，自己怎样都可以。暗暗发誓只要孩子能够平安回来，以后绝对不再管她了，她想做什么都行。

好在有惊无险，但是她内心的阴影依然挥之不去。孩子出走那些天几乎彻夜不眠，找回来了还是不敢睡着，经常在深夜里枯坐在女儿门前，生怕一不留神女儿又不见了。每天忙完工作后就赶紧回家打理孩子的衣食住行，不再多说话。馨茗回来后吃饭、睡觉、写作业、上学,一如往常,但就是不说话,不知道孩子在想什么,也不敢问她。家里貌似如常,实则已非常不安。

听着馨茗妈妈的叙述,我的脑海里不停地闪现这个女孩儿交替变化的两面,如此聪慧,情感又那么敏锐而强烈,压抑的童年,愤怒的青春期,她的内心到底是怎样的令她可以自如地在"天使"和"魔头"之间切换。

即使妈妈的教育方式严苛刻板,爸爸在她成长过程中冷眼旁观,一个16岁的孩子言行和情绪状态如此不一致还是很少见的。很长一段时间,馨茗在学校和在家里是"双面"人,出走回来后倒是一致了,却是变成彻底的沉默。我一定要见见孩子,和她谈谈,了解她内心所想。

谈了一个多小时,最后我说:"您不要过于小心翼翼,尽量恢复自然的状态。孩子不讲话,家里人可以适当和她交流,即使没有回应。目前孩子的状态的确令人担忧,但是也不可操之过急。我会找机会约见孩子,了解了她的想法后,我再和您沟通,看看怎么调整。"

馨茗妈妈点点头,叹了口气,起身离开。

4."双面"是如何炼成的

见过妈妈没两天,刚好有馨茗班的心理成长课,在课上我没有对馨茗流露出特殊关注的情绪,只是在感觉到她时不时看向我时,适时微笑回应。下课后,她留下来帮助整理物品,离开前问我能否预约个别辅导,我心中暗喜,于是有了这次长谈。

我仔细端详孩子的脸,面色略显苍白,映衬得眼睛越发大而黑亮,忽闪着直视过来,神色平静。

"馨茗,你看着清瘦了一些。"

她嘴角划过笑意,问我:"瘦点儿是不是更好?"

看着她淡定从容的小脸,心里忽然泛起疼痛。与骨肉至亲之间天长日久的对抗和折磨,竟然可以那么决绝,而且如此不着痕迹,一个孩子是怎样做到的呢。

"馨茗,你找我是想讨论什么问题呢?"

她有点儿奇怪,问我:"难道您不知道我的事情吗?不想和我谈谈吗?"

"嗯,知道一些,你离家出走了,又回来上学了。"我轻描淡写地回答。

她一脸狐疑:"难道班主任没说吗?我妈不是也来过吗?"

我点点头说:"是啊,没错,之前和她们见过面,但是今天是你约我的呀,我只想知道你想要和我讨论什么,跟有没有见过别人,以及别人怎么说没什么关联。"我笑着,语气很稳定。

她先是愣了一下,然后目光转向窗外,若有所思,手指无意识地揪着外套袖口上的绒毛。雪花变大了一些,孩子们上午自习了,校园里很安静,可以看到落雪的树枝在风中轻摇。

"我很喜欢这样的天气,灰色很丰富,冷空气能让人很清醒。我喜欢校园的感觉,每一次走掉能够再回来,其实就是因为舍不得学校吧，听起来很奇怪，别人也许都不信。"馨茗轻轻地说，似在自言自语。

"哦？听你的话，是多次出走过吗？"

"严格意义上讲，只有这次算是真的出走，之前的几次都是初中的时候，很想一走了之，不过还是恐惧，也不知道能到哪去，天黑了就只好回家。"

"为什么一次又一次地想离开家呢？"

"家里太压抑，喘不过气，与其说是因为生气出走，不如说是因为厌恶那种窒息感而逃跑。"

"是这样啊，能不能跟我具体说说，你的'窒息感'是怎么来的？"

馨茗开始讲起自己的成长历程，"学霸"果然不是白当的，她思路清晰，语言表达能力极强，只是语调平直，没有什么感情色彩，有点儿像讲别人的故事。

她说从记事起就没怎么见过妈妈笑，妈妈总是微皱着眉头说这里不行那里不好，虽然声音不大，并不像是指责，但是听着冷冷的。只有自己得到什么好的名次啊，奖状啊，才可以见到妈妈瞬间闪过嘴角的笑纹。虽然得不到肯定和表扬，但是为了那一点点微笑，馨茗一直听话，而且学什么都尽力做到最好。

馨茗说妈妈笑起来很漂亮，不过是对着外人才会笑，遇到邻居、同事什么的，寒暄的时候都可以见到妈妈笑，她大概只是吝啬把笑容给家人，包括自己，还有爸爸和爷爷奶奶。

馨茗觉得父母的感情不好，一直都是各忙各的。爸爸是总工程师，很少待在家里，对馨茗的生活和学习极少过问。妈妈从基层提拔上来，

———— 故事三

小丫头竟然有两副面孔

一步步升职到部门经理,具体管什么说不太清,应该是个不小的官吧。小时候因为父母都很忙,爷爷奶奶经常照看馨茗,但是他们都是知识分子,也没有闲着的时候,所以除了上学和去各种课外班,馨茗基本都是自己待着。除了过年,全家人根本不会一起吃饭,更别说聊天了。妈妈来爷爷奶奶家接馨茗也极少进门,家人之间的亲情也极为淡薄。

随着年纪的增长,馨茗越来越懂事,她发现妈妈其实一直都自卑,虽然她自己工作成就也不小,但面对爷爷奶奶甚至是爸爸的时候总是缺乏勇气一样,说起的话题无外乎是馨茗又学会了什么,又得了什么奖。可是每次妈妈谈到这些,爸爸和爷爷奶奶并不在意,甚至都不接茬儿。

爷爷奶奶和爸爸总会在一起说事,把馨茗母女隔绝在外。母女被爸爸和爷爷奶奶隔绝开,妈妈又把女儿隔绝开,爸爸太忙,爷爷奶奶也不是很喜欢孙女。这个家庭是割裂的,是碎片化的。

大概从小学五年级开始,馨茗对妈妈无休无止的要求开始厌烦和抵抗,再大一些渐渐能看明白家庭成员之间的关系后,觉得妈妈活得很可怜,不过她又觉得可怜之人必有可恨之处,因为妈妈根本不需要那么卑微。

"她自卑也就得了,凭什么要让我成为她所谓的自尊心的基础,凭什么处处左右我的生活!"这是馨茗语气最强烈的一句话。

积累的怨气越多,馨茗就越易怒,和妈妈之间争执频起,只要有一点儿不满意就会大发脾气。馨茗看着妈妈失控后无法再伪装的脸馨茗总觉得很解气,虽然妈妈气急了会动手打人她也不怕,挨打也习惯了。不过这次和妈妈对打还是第一次,之前馨茗最多是砸东西。

只要闹起来,爸爸就无法继续做旁观者,起码还会多跟妈妈讲几句话,虽然不是什么好话。

5. 从"双面"走向一致

听完馨茗的讲述,我站起来,摸摸她的头,给她倒了一杯热水,借此平复一下她的情绪。重新坐下后,我问馨茗:"在学校时你那么开朗、乐观和自信,与家中的生活状态反差那么大,是怎么做到的呢?"

馨茗喝了点儿水,沉吟了一会儿,说:"其实虽然我很讨厌妈妈,不过很多特点和妈妈很像,比如都是'双面'的。"

"这也是遗传的能力吧!其实哪一面都是真实的。"我尽量用轻松的语气来缓和气氛。

"对对,"馨茗笑了笑,"我一直在违拗妈妈,不自觉地攻击她,但是我知道学业很重要,也希望在别人眼中的自己是完美优秀的,这一点一直在坚持。"

"所以在学校里,或者参加活动,去补习班什么的,都会尽力做到最好。"

"是的,老师。"

"你从来不和朋友、同学、老师说起家里的事情,是担心他们发现自己不好的一面吗?"

"嗯，我和同学们很友好，但是从来没有哪个朋友来过我家，这也是我故意的。"

"妈妈也会帮你保守秘密对吗？"

"对，即使在家里闹得再厉害，妈妈是绝对不会让别人知道的，包括离家出走，不去上学，她一定会主动帮我掩护，所以这么多年来没有人知道我的另一面。"

"可是这次离家出走后，你没办法继续掩饰了吧？"

"真面目大白了，好像没必要掩饰什么了。"说到这里，馨茗才稍微流露出一些担忧和烦闷的情绪。

"返回学校后一直和同学老师很疏远，是因为自己完美的形象被破坏了，怕大家不再像之前那样看自己吗？"

"一部分是这个原因，更重要的是我忽然感觉很累，很没意思，不知道自己想要什么，将要走向哪里，以及活着的意义究竟是什么。"

"你离家出走其实是去上了一个美术班吗？"我换了一个问题。

她点头，紧锁的眉头舒展开了一些："在美术班的那些天我过得很舒服，简单地画画、吃饭和睡觉，周围的人彼此不熟悉，不用多说话，也不用伪装什么，非常轻松。"

"离家出走其实是去上美术班，这个很像是一早就计划好的呢。"

"哈哈，不算计划。我一直很喜欢画画，也考虑过以后读相关的专业。但是妈妈一直不同意，爸爸也不支持。和一个选择艺考的朋友聊天知道那里有一个美术学院老师开设的培训班，那天从家里跑出来，想到这个，我也有足够的钱，索性就去了。否则还真不知道该去哪里。"

"重新回到学校,你觉得怎样?"

"我能感觉到大家对我很关心,也很小心翼翼,其实很没必要,我不会做出什么出格的事情,虽然质疑活着的意义,但我不会真的去死,我只是懒得解释什么,就是心里很别扭,虽然不很强烈,就是觉得别扭,所以还是决定来找您谈谈。"

"家里呢?"

"爸爸妈妈估计吓傻了吧,尤其是妈妈,根本不敢和我说话,连眼神都极少对视。其实他们不知道,我真的没有心情和他们闹了,那次和妈妈对打,然后号啕大哭,离开家,把精力耗尽了。"

"所以也没有精力维系自己的'双面'了吗?"

"是呀!现在的我终于一致了,在哪里都一样了。"馨茗皱着眉头笑了起来。

"体验到这样的一致,有没有好的感受?"

她眨眨大眼睛,微颦眉头,接着慢慢点了点头,说:"这么想来,好像有,就是比较放松,没有被什么绑住的那种感觉,还不错。"

由这个角度出发,我开始引导馨茗思考:

什么是真实的自己?

是否需要为了优秀而处处都要做得优秀?

妈妈多年来苛责的严教,不管动机是什么,产生的结果是不是也有好的一面?

从父母的婚姻中能够看到的问题以及对自己的启发是什么?

最关键的是有没有关注到妈妈"双面"的根源是什么?事业有成还会如此自卑,究竟为什么那么渴望女儿成为杰出的人?

一个人在不断成长的过程中，主动了解家人也是义务和责任，这些问题不可能短时间就能得到答案，这是留给馨茗的作业，找到一个答案我们就约谈一次。

　　和馨茗的妈妈沟通过几次，建议她尽量自然地与女儿相处，既不要像从前那样苛责，也不能全然不再过问。女儿有着极为丰富敏感的内心世界，多年严教的益处是孩子有很强的自我约束力，可以让她自由决定学习的目标、方法和途径，包括是否选择艺术类的大学专业。

　　从小到大已然固定的母女互动模式改变起来很难，与孩子相处，以"互相尊重、保持距离"为基本原则。因为严重缺乏家人的肯定和支持，孩子早已不习惯听到表扬，那就先停止不满和责备，对依然稚嫩的心灵是一种安抚和保护。

　　化解长久积累的亲子情感连接问题是一个漫长的过程，需要的是彻底的改变和坚持。

6. 写在后面

原生家庭对一个人的影响很大

　　馨茗的妈妈是一个典型的例子，无论之后自己取得多大的成就，一直背负早年家庭带给她的自卑阴影，加之又进入一个全是知识分子的家庭，更加自惭形秽。

希望凭借女儿的优秀支撑自己的信心，博取丈夫和公婆的尊重，其背后是可怜的软弱和无助。

偏巧女儿冰雪聪明，情感强烈，年纪太小缺乏生活经验，只会批判、抵制和反抗，结果导致家庭矛盾越来越尖锐。

馨茗妈妈其实是在复制自己父母的做法，代际间的"强迫"复制，唯有足够清醒才能发现，也只有足够理性才能切断。

父母不想要的那些感受，千万不要继续带给孩子。

获得认可与尊重的途径是做真实的自己

连自己都不能够坦然地面对自己、接纳自己，何来别人的欣赏和肯定，更别说是尊重了。

馨茗母女极为相似的"双面"表现，根源都是不能做真正的自己。费尽心力要得到别人的认可，却无法得到，是因为只有先做到自我认可的人才能得到别人的认可。

父母是孩子的榜样，身教远远重于言教。无论出身怎样，受过多少教育，从事什么性质的职业，都要坦然面对自己以及外面的世界。

家长的成长是孩子恢复健康状态的重要前提和有效保障

馨茗妈妈的成长和生活历程都很坎坷，是聪慧而坚强的女性，从孩子的出走事件中感悟颇多。

我作为同龄人，以及同为人母的角色和她交流，而不单单只是孩子的心理辅导老师，效果很明显。

妈妈的成长力是孩子能够调整好自己失衡的心理世界的保障，

即使无法得到亲密和谐的母女关系，孩子健康成长的这个目标也可以实现。

如何从不健康的双亲关系中获得健康成长

我们无法选择自己拥有怎样的父母，也很难选择父母对待自己的方式。如果我们已经陷入一种不健康的相处模式，就不能一味地由着自己的性子来，而是尝试着去探寻父母这样做的根本原因。从问题的根源入手去解决问题。如果自己无法达成，就试着借助外力，保证自己就算在不太和谐的亲子关系中，也能健康成长。

故事四
"学神"的心理阴影

程昱是一个安静内敛的男孩子,学习成绩极其优异,是公认的"神级的学霸",高二结束的那个暑假,被选派参加一所名校举办的夏令营,本来是来之不易的荣誉之旅,没想到他带回来的却是可怕的心理阴影,严重影响了他高三的学习和生活。究竟是什么影响了他,导致他走向自我怀疑甚至自我否定呢?

1. 假期是别样的学习

假期是美妙的,临近假期的孩子们是雀跃的。虽然于孩子们而言,尤其是功课繁重的高中生,寒暑假里也并不悠闲,但是与晨昏交替奔波于家和校园之间的生活比起来,假期有更多的弹性与自由,这一点就已经令孩子们足够开心了。暑假的时间长,孩子们能参与的活动也较为丰富,而即将面临高考的孩子们能够参加的,绝大多数也是与学习有关的。

高校面向高中生的夏令营、冬令营,大多吸纳准高三学生参加,越是著名的大学,越是"精英训练",目的一般有两个:其一是名校的自我推介和宣传，以吸引来年高考的优质生源；其二是为综合素质水平较高的高中生提供丰富的资源，拓宽视野，开发潜能，体验与了解高中和大学之间的不同，助力孩子们树立更明确的高考目标，有更充足的动力备考，做好中学和大学之间的衔接。这么看来，是一件双赢的事情。

名牌大学的类似活动，唯有学习成绩极为优异的孩子才会被学校派出参加，实质上也是对聪明又努力的孩子的一种充分肯定和褒奖。每年出去参加活动的孩子回来后，都要和同学们交流心得，以同龄人的视角，打开看向更远的未来的窗口。程昱是他那一届学生中的名人，因为历次考试稳居年级第一，同学们说他是"学神"，只能仰望，不可企及。毫无悬念，那年暑期的"精英训练"活动他是学校派出的名单中的第一个。

悠闲的日子因为舒适和丰富，感觉稍纵即逝，盛夏的烈阳还明晃晃挂在天上，孩子们已经重返校园，一个新的学年开始了。每年的这个时段，学校心理辅导中心的例行工作是高一年级的新生适应团体辅导和高三学生的关于备考心理准备的主题宣导，均是以年级会的形式向孩子们说明新的学习生活中可能遇到的问题，以及合理应对的方法。最为重要的一点是提示孩子们角色转变和压力情境是发现自身成长问题的契机，鼓励他们如果遇到问题要积极面对，及时预约心理辅导，主动寻求帮助。所以团体辅导和主题宣导之后，预约午间倾谈的孩子会逐渐增多。

见到程昱，是那年给高三做完备考宣导两周之后。

2."学神"的心理冲突

那天翻开预约记录，看到程昱的名字，我稍感惊讶。这个孩子我并不熟悉，但是他的名号很响亮，单是在教学分析会上就屡屡听到校长提起他的名字，他属于"高考首席种子选手"。高考的成绩，名校的录取人数，是很多学校发展的重要基础，学习成绩好的孩子自然备受关注。学习过程漫长而曲折，充满变数，越是成绩优异的孩子，越会受到心理因素的影响，根据我多年工作经验，程昱这种学习水平的孩子多在高三中后阶段需要个别辅导，现在开学不足一个月，他会遇到什么问题呢？我带着一丝疑惑，等待着和他相约的午间来临。

程昱非常准时地走进辅导室："老师好，我是程昱。"他主动问好，微微鞠躬。

我一边请他落座，一边认真打量这个颇有传奇色彩的"学神"：一米七左右的个头儿，身材单薄，长相普通，最醒目的是大大的眼镜下面黑亮的眼睛。规矩的发型，校服整洁，我先坐下他才肯坐，礼貌周到，坐姿端正，是绝对标准的好学生。

"最近功课是不是更忙了？感觉高三生活与以往有什么不同吗？"我和他闲聊。

"功课的确是多了一些，但是也没有感觉到很不同。"这孩子说话声音不大，情绪平稳、语速稍慢，于是我直接询问他的来意。

"你来找我，是想讨论什么问题呢？"

程昱沉吟了一瞬，问我："老师，您知道暑假的大学夏令营活动吗?"

"知道啊,每年也只有几个名额吧,很难得的体验、学习和交流的机会,你应该参加了吧?"

他点点头,笑了一下,不过笑容有些勉强。

程昱提到了名校夏令营,那么他的问题应该和这个有关,而且从他的表情变化看,这个活动带给他的感受很可能不那么美好。我看着他的眼睛,问道:"你的问题和夏令营有关吗?"

他看看我,思考了一下,没有直接回答,而是又提了一个问题:"老师,您说大家是不是都认为这个夏令营是一个难得的体验机会,应该充满正能量地回来,再把能量传递给大家?"

这次换我看着他,若有所思:"为什么会有这个疑问?是夏令营回来后发生什么事情吗?"

程昱叹了口气,坐得直直的身体垮了一下,忽然呈现出很疲惫的样子,声音更小了一些,语速也更慢:"老师,您给高三做年级心理宣导那一天,本来学校安排我也发个言,谈谈去名校夏令营的体验和感受,激励同学们认真备考什么的。可是我实在没有那些所谓的正向感受,不想讲违心的话,拒绝发言了,班主任、年级主任还有父母都不怎么高兴。班里同学也有些说辞,说我装、矫情什么的,虽然很快大家也就不提这件事了,而且都过去两周了,可就我是觉得很多地方别扭,才来找您的。"

"你觉得别扭,是因为拒绝发言导致大家多少都对你不太满意吗?"

"嗯,应该是,我有些自责,因为老师和领导对我都非常好,我成绩好也是在很多老师帮助下才得到的结果,尤其是班主任,两年多以来不停地对我鼓励支持,这次拒绝发言班主任不高兴了,已经有一段时间没怎么和我讲话了。"

"你刚才说父母也不满意。"

"对啊,因为我不肯发言,班主任找了家长做工作,因为是学校安排的内容,班主任也为难。爸爸妈妈跟我谈了好几次,他们觉得就是个发言,说点儿场面上的话没什么大不了,数落我太较真了。"

"可是你拗不过自己是吗?"

他立刻点头:"是的是的,我也想到要妥协,随便说说,可就是不想讲,不知道该说什么,而且不是我的真实感受我就更不想说了,觉得这种发言不会有什么激励作用,所以最后还是拒绝了。"

"哦,程昱,你以前有没有拒绝过家长或老师给你安排的任务呢?"

他慢慢摇了摇头,说:"我算是比较听话的孩子,就是不太有个性,基本上家长和老师的要求都会做,就连同学们的要求也几乎没有拒绝过。"

"那这次如此坚持,大家不理解也很正常吧?"

"嗯,而且不是一件小事,也不是私事,我觉得大家都很不满意。"

"是不是虽然表面上看起来这件事已经过去了,但实际上余波未平?"

"对对,我就是这么觉得的,还不如直接批评我呢。"这是个表情并不丰富的孩子,烦恼的时候也就皱一下眉头。

"最近你是不是很在意大家对你的态度?"

他沉思了片刻，说："应该是的，会不自觉地在意大家的情绪，尤其是班主任，还有父母，搞得学习也无法专心，所以觉得应该来找您谈谈。"

"你找班主任和父母谈过吗？"

"没有，他们没再提，我也就没说，好像就这样悬着了，反正他们肯定是很失望的。"

从程昱的叙述中经常能听到"应该""必须""大家都"这样的说法，那么接下来的谈话中我就要引导他认识这些属于"非理性观念"，绝对化的要求和过度概括会使人的认知偏离，引发消极情绪和行为。而且我告诉他坚持自己的意见本身没有错，拒绝别人也是需要掌握的一种重要能力，但是不加解释的简单拒绝很可能导致误解和冲突。直接沟通是澄清问题和误解的最佳途径，如果主动找老师和父母谈谈，把话说开，心结也就能解开了。程昱是非常聪慧机敏的孩子，有很强的领悟力。

快到结束谈话的时间了，他说："老师，跟您把心里憋着的话讲出来就轻松了很多，我会主动找班主任以及父母谈谈，尽快调整过来，马上就要高三第一次月考了。"

看着孩子匆匆跑出去的背影，我思忖着他在夏令营里究竟遇到了什么事情，有什么体验，可以让他如此抵触和同学做正面的交流呢？大学的精英培养理念，在这个一心只读圣贤书类型的高三孩子身上会生成什么样的教育效果呢？我心想着如果有机会，有必要跟程昱再交流一下。

3. 失神的"学神"

　　时间在忙碌中滑过，转眼秋风渐起，天色转凉，学期过半。期中考试后不久，程昱的班主任来找我，一副忧心忡忡的样子。她告诉我程昱的状态越来越不好，连续两次考试成绩下滑，他这个水平的孩子，排名下降一点儿都很显眼，别说已经滑到年级十名之外了，本来是清华大学的头号种子选手，现在危险了。学习能力肯定不会下降，应该是心理问题，看着他整天心事重重的，不知道在想些什么，和他谈话，就说没什么，不用担心之类的。家长也很着急，说他在家里学习状态也明显不好，经常坐在书桌前发呆，以前从来没有这样过。

　　我问班主任："第一次月考前后程昱是否找过你？"

　　"找过，因为开学时年级会拒绝发言的事情，当时我是不太高兴，本来他不是个任性的孩子，不知道为什么忽然就那么执拗。但也不是什么大事，说开了就没事了。"

　　"他有没有解释为什么夏令营的生活没啥好说的？"

　　班主任回想了一下，说："我记得当时问过他，他只是说没什么值得交流的，详细的没提，现在想来，好像有点儿回避。"

　　"这样看来，很可能还是夏令营给孩子的内心带来了什么冲击，好像阴影还不小，自己应付不来了吧。他没有主动来找我，你找个时机建议程昱来找我吧，还是要尊重孩子的意愿。"

　　又过了大概一周，程昱终于来到辅导中心，月余不见，看着明显憔悴了很多，之前熠熠闪光的眼睛暗淡了不少。他跟我打了个招呼，

故事四
"学神"的心理阴影

就坐在靠窗的沙发椅上,沉默地看着窗外。

我说:"程昱,你看起来比上一次见到时更加烦恼,这次遇到的问题是什么?"

他依然保持着静默对窗的姿势,只是轻轻点了点头。

程昱终于收回视线,身体转过来,扶一扶眼镜儿,清了清嗓子,说:"老师,我的确是很烦恼,但不是具体的什么事情,我一直在整理,是一些乱七八糟的想法,还有一些疑问找不到答案。"

"你没有像上一次那样主动来找我,是因为不清楚具体问题是什么吗?"

"嗯,"他说,"是班主任让我来找您的,犹豫了几天,爸爸妈妈也催我赶紧来,说高三时间耽搁不起,这才又约了辅导时间。"

"你的烦恼是否和夏令营有关?"

他明显出乎意料,瞪大眼睛,问我:"您是怎么知道的?"

"上次聊天时我就疑惑,为什么你那么抵触年级发言,应该是夏令营给你的感受并不好,因为时间太匆忙,也因为当时你的问题主要还是如何平复拒绝发言的消极影响,所以当时没有讨论这个问题,原本打算找机会聊一聊呢,没想到对你影响这么大。"

程昱重重叹了口气,说:"老师,我受到的触动非常大,或者说受了刺激更准确。我真正感受到自己就是井底之蛙,在狭小井里努力学习,有些收获就觉得安心,甚至时而沾沾自喜。这次走出去看到了外面的世界,看到了那么多真正优秀的同龄人,反衬出了自己的渺小和浅薄。"

"何以使用'渺小''浅薄'这样的字眼儿呢?能具体说说各

115

自的内涵是什么吗？"

"'渺小'的感受，源自夏令营里有很多参观和体验的项目，许多是科技前沿，作为理科特长班的自己，却对很多领域一无所知，根本提不出问题，甚至听不懂导员提出的问题以及科学家的讲解，像个傻瓜一样的感觉，好像刘姥姥进了大观园，但是自己没有刘姥姥心那么大。在参观体验后的讨论分享环节，我非常紧张，很想找借口不参加活动，后来有两次实在别扭，就以身体不适为由没有去。这些感受我从来没和谁说过，觉得实在太丢人了。"程昱的眼角有细小的泪光。

"那'浅薄'这个词，是不是用得有点儿严重？"

"一点儿也不严重，事实如此啊。参加夏令营的是来自全国各地的优秀高中生，可谓人才济济，营地的辅导老师说我们这些孩子才是将来彼此的合作伙伴和竞争对手。他们的实力太强大了，学习成绩优异的程度难以企及，有很多早已经进入大学的知识体系，与此同时，还能以非凡创造力获得各种国际比赛的大奖。我这点儿考试成绩，和人家一比就没影了，还不叫'浅薄'吗？！"程昱的语气中充满气愤。

"你是有点儿生自己的气吗？不过少年精英云集，感受到压力也是意料中的吧？"我帮他缓和一下情绪。

"老师，我能想到肯定可以遇到很多高手，但是他们学业牛也就算了，竟然还多才多艺，能歌善舞。营地时不时会有联欢活动，主办方给大家提供足够的器材、道具以及活动场所，为营员的各种才艺提供充分展示机会。让大家申报项目的时候，我完全蒙了，之前在学校搞活动，要么就是随便讲个典故凑热闹，要么就是一堆人唱个歌什么的，哪里能算作才艺。我的业余爱好就是看书，可是看书怎么展示呢，索性又是弃权，只当观众。"

"程昱，你有没有过度概括呢？你说得好像自己是最糟糕的营员。"

"老师，我觉得自己就是最糟糕的。和我一起同住的有三个同学，都来自南方，性情开朗，很好相处。私下闲聊发现他们的生活丰富多彩，爱好广泛不说，对于时尚、旅行、美食、运动、影视作品、明星偶像等方面也颇有研究，知识储备丰富，难怪他们都在夏令营里迅速结识了那么多新朋友。休息的时候经常会讨论某个女生怎样，谁更有魅力，各自欣赏的是哪个。问到我时，我只笑笑不发表意见，他们就问我不会都没有喜欢过女孩儿吧，不会没有被女孩儿喜欢过吧，说我是超纯的乖宝宝，我知道他们是在打趣儿，没有恶意，但是心里很别扭。"

"看来这次夏令营经历，给你带来很大冲击，你拒绝在年级会发言，也是因为感觉太糟糕。"

"是呢老师，度日如年的，终于结束回来了，还要让我发言交流经验，那么违心的感受怎么可能说出口呢。"

"那些冲击力，是将你带到很多关于自身价值的思考中了吗？"

他深深地点头，说："我以前从没有想过这么多，也一直对自己很有信心。返回学校以来，夏令营的场景就没有离开过我的脑海，闪过的每一帧画面都让我感到痛苦。不自觉就会想自己到底优秀在哪里，究竟想要什么，能否得到，未来的目标是什么，就算拼尽全力进入最好的大学读书是不是也是最差的学生，等等。"

"这么多的思虑会产生消极的情绪，也会影响学习，难怪老师和家长会担心你。"

"对啊，而且考试成绩也下降了，之前考得最差也是年级第三名。老师和爸爸妈妈发现我总走神，当然会问为什么，他们很着急。我跟老师没说过什么，但和爸爸妈妈提起过一些想法和疑惑，可是一提话头，他们就说我是胡思乱想，让我不要把时间浪费在没有意义的问题上，可是我控制不了。"

"程昱，对于你来讲，无法忽略这些思考是正常的，想清楚这些事情，学习和考试才有意义和动力，我们一起完成这个整理的任务吧。"

程昱从参加夏令营开始的相形见绌，觉察到自己有很多不足，慢慢进入到对自己的存在感以及存在价值的深度思考。自我追问越来越多，越来越密集，困惑此消彼长，如此逐日累积，堆叠到异常压抑的程度，所以他常常有窒息感。尤其看到父母和老师为自己担忧或怒而不言的表情，就更难受了。要让他知道自己在完成一个重要性不亚于高考的成长课题，而且位次在高考之前，很重要的一点是他不是单独作战，我来做他的盟友。

4. 拨云很难立刻见日

程昱从小学一直到高中学习成绩都很棒，优异的学习成绩一直是他最醒目的标签。这和很多高中的"超级学霸"不同，大多数高中阶段学业优异的学生小时候功课并不十分显眼，往往都是对知识本身兴趣极其浓厚、精力旺盛而且非常聪明的孩子，从初中开始学习成绩逐渐领先。17年来，程昱的时间绝大多数都用来学习各门功课，其他领域都没有时间和机会去挖掘和拓展，小时候学过两年画画和书法，但从小学三年级开始就没有时间学这些了，陪伴他长大的是各种补习班。在学习成绩至上的发展理念中，单一化的评价标准使周围人和他自己都不易觉察到其成长和发展的不均衡，更不会想到可能由此引发的严重问题。

在问题澄清的过程中我说："程昱，你是出色完成了学习任务，但是知识和能力'营养不良'，而且这么多年只关心学习，无暇面对和整理自己的内心世界，严重拖欠了成长任务。"

"老师，我自己一直在想又想不清楚的问题，其实是在补上成长课吗？"

"对啊，进入青春期，自我意识迅速发展。'我是谁？我想成为谁？'成为孩子们广泛思考和探索的问题，尤其是遇到困难挫折的时候。你之前没有如此关注自己的内心世界也是因为作为一个成绩超级好又很乖顺的孩子没有这样的契机，从这个角度看参加这次夏令营其实是很有意义的。"

"可是老师，我现在高三，班主任和爸妈都劝我把心思放在学习上呢，我也知道高考多重要，可是我无法停止思考。"程昱很矛盾。

"有关自己是一个怎样的人，什么决定着自己的存在感，应该成为一个什么样的人才能同时得到自己和他人的认同，这些困惑本身就价值非凡，但是很难在短时间内找到答案，你试着看看能不能带着问题投入复习，尽可能减少对学习的干扰。"

"可是我很想赶紧都想清楚，然后一心一意学习。"

"自我探索是一个艰辛而漫长的旅程，不能操之过急啊，过于密集的思虑会影响正常的生活和学习，甚至影响身心健康，不是明智的做法，可否试着慢慢来？而且凡事皆有两面，你的自我探索过于偏向批判和否定，应该试着同时从肯定的角度进行思考和评价才能平衡。"

整理和分析到这里，程昱说："老师，我心里踏实了一些，至少能够确定自己现在想的问题并不比学习的意义小，虽然老师们和家人不一定理解。我会尽力放慢节奏，兼顾一下学习，如果遇到想不通的问题会及时找您讨论。"

目送程昱离开的背影，和上次的飞奔而出迥然不同，短短几十天，这个孩子长大了很多，可是成长速度太快，是难以负荷的。然而这条成长之路必须让他自己走，进口到出口到底会有多遥远，难以预测，我只是默默希望他不要走得太远太久，毕竟高考在孩子们的一生中意义深远。

之后程昱的学习状态依然不理想，虽然遏制住了下滑的趋势，但是一直没能恢复到之前的水平，他的父母非常焦虑，我和他们约谈，讨论孩子的问题。他们觉得孩子的很多想法太奇怪，比如会仔细询问妈妈小时候喜欢什么样的男生，爸爸高中时有没有女同学喜欢什么的，一旦父母敷衍他或者说想这些干吗，他就不说话了，呆呆地坐在书桌旁。以前学习再累回家也常常和父母说笑，现在一声不吭，家里的气氛很压抑。

我和程昱的父母一起从孩子长大的过程、个性特点以及夏令营中遇到的诸多挫败感等角度进行综合分析，帮助他们认识孩子目前遇到困惑的合理性，接受孩子出现心理问题的现实，虽然发生在高三备考的关键时期，可能带来难以预知的负面影响，但是谁都无法选择心理问题出现的时间，就像无法选择身体什么时候生病一样。妈妈很后悔让孩子去参加夏令营，之前也犹豫，这孩子从来没自己离开过家。爸爸认为后悔没有什么用，该来的迟早会来，后悔送出去锻炼的时间太晚了。

诚然，问题已经出现，后悔不会起什么作用，但是后悔的过程即是反思，引导好了也非常有意义。程昱目前处在过度自我批判的心理过程之中，精英训练的冲击力超出想象，他思虑太多，想法偏激，钻了牛角尖，还有点儿强迫症，由此又引发了过度的焦虑和抑郁，导致学习精力不足，成绩下降，这都是正常反应。

程昱的父母还是通达明理的，经过开诚布公的交流后我们达成共识，要把孩子的健康放到第一位，不强迫孩子非得怎样想和怎样做，以免造成负强化，可以顺着他的想法，当他主动提出问题时一定要尽可能让他把想说的话都说出来。多认真听，感受他的感受，少评价，不说有用还是没用、对或错之类的话。老师和家长一起努力，尽量帮助孩子快点儿走出成长路上的沼泽。

以后平均每10天左右，程昱就来做一次心理辅导。他带着自己想不通的问题来和我讨论，包括活着的意义，生与死等话题，还包括爱情和性。这个孩子的内心丰富无比，但是长久以来被封闭起来了，轰然间一扇扇门打开，光线太强烈，风吹得太猛，让他一时混沌无措。

有一个中午他来找我，然后一直在说自己是个很失败的人，最有力的证明是从来没有哪个女孩儿喜欢过自己。他最近总在观察同学们，发现大家都那么轻松，很不起眼的男生可能都有一个女朋友，相比较而言自己毫无魅力可言。

他也会问周围一些熟悉的伙伴对自己是什么看法，他们除了说他是学霸之外，好像就没有别的评价，可笑的是目前自己连学霸都不是了。以前的几个竞争对手，常常以怜悯的眼神看他，每次考试后，要么躲开他，要么干巴巴地安慰他说会好的。一次他气呼呼地反问对方怎么能够看出来自己会好，还有现在有什么不好，弄得大家很尴尬，从那以后他觉得同学们把他当病人看待了，为了不碰头走路都会绕开。

寒假的时候，程昱状态很糟糕，老师和家长商量，征求了他的意见，没有让他参加补课和考试，而是去南方度假，调整一下身心状态。程昱出发前，我们简短地交流了一下，我请他在旅途中想一想，自我分析了这么久，知道了不愿意成为什么样的人，接下来要确定希望成为什么样的人。确定自己认同的状态后，与目前比较一下，并找到差距，然后思考调整的角度和方法。在这个过程中，可以选择与合适的人交流，也可以选择自己思考，还可以看书和运动，这大把时间完全由自己支配。

5. 人生终将继续

一个月之后，在一场大雪中新学期开始了，孩子们踏进校园，生机立现。老师们都在清扫校园内的积雪，报到注册结束的孩子们也三三两两加入进来，边帮忙，边玩闹嬉戏。忽然我握着扫把的手臂一轻，是一个男孩儿接了过去，说："老师我来吧！"

我笑着说："好孩子，谢谢啦！"转头去看，他戴着口罩，看不清面孔，但是那个大眼镜，还有亮而漆黑的眼睛好熟悉。啊！原来是程昱，我简直太开心了！禁不住张开手臂抱住男孩儿，大声笑着对他说："程昱啊，新年快乐！"

我们站在雪地里聊了一会儿，他说："老师，这一个月是我蜕变的最后一站，是向懵懂的少年时期的告别仪式。很多问题还是没有答案，但是我会在以后的生活中慢慢去找。无论如何，苦读12年，要是就在最后的阶段止步，我永远都不会原谅自己，所以我决定尽量找回复习的状态，就像旅途中一直要背着行囊，要带着问题前行。"

听到这段话后，我悬着的心终于可以放下，程昱的南方之旅到底经历了什么，我没有追问，他也没有跟我细说。我告诉他："凡事尽力而为，顺其自然，即使没发生这些事情，学习状态也可能发生变化，不必执着于哪个具体的分数和哪所大学。"

"老师不用担心，我明白！"他依然是那个单薄的孩子，但感觉注入了很多力量。

三个多月的紧张备考，高三学生异常繁忙，压力也越来越大，辅导室的预约册中几乎都是高三孩子的名字，其中没有程昱。在校园里偶然遇到他，都只是简单寒暄，愉快地打个招呼。从班主任那里得知他状态平稳恢复，虽然越是接近高考孩子们竞争越激烈，但是看得出来程昱心态很好。高考结束后听说他跑去做义工了，成绩下来后他给我发了条短信，说虽然不是第一名，但是依然考入了自己最想去的大学，算是对得起老师和家人，也没给自己留遗憾。

程昱升入大学后的第一年元旦发来贺年信息，寥寥数语，感谢师恩，说前路漫漫，会更加勇敢，珍重前行。于悉心辅导孩子们的我而言，这便是最好的回馈。

6. 写在后面

成绩不是判定一个人的唯一标准

家庭、学校和社会在面对一个成长中的孩子时，过度运用学习成绩这单一的评价尺度，不仅容易伤害成绩不良的孩子，对成绩优异的孩子也会是一种潜在的危机。

学习成绩优异的孩子，由于学习任务完成得好，体验挫折的机会太少，没有经过"心理质量"的检验，就无法推测孩子在遇到挫折时自我恢复的能力如何。比如程昱，原本他是他所生活的群体中的翘楚，然而真正走进如林强手中，会因为突然失去存在感而惊慌失措，很容易触发心理防御机制，会消极应对一切问题，此时他人的鼓励和肯定均苍白无力。

好在程昱有能够支持他的外部系统，老师和父母给了他喘息修复的机会，否则后果很难想象。人生车轮止步于高考大门前的孩子屡见不鲜，这都是痛彻心扉的前车之鉴。

成长任务重于学业

无论是家长还是老师必须警醒，对青春期的孩子而言，其成长任务完成得如何，意义远远超过学习任务，对他们的影响比完成学习任务更为深远，而且这影响还有好坏之分。此外对于所谓"优生"的培养训练角度，应该更为丰富，不能局限于学习成绩优异和考入名校。给孩子提供丰富的成长养料，是一个长期工程，家长要尊重孩子的兴趣和爱好，发现并帮助其挖掘艺术和创造潜能，这些方面的开发和培养与获取优异的学习成绩并不矛盾，还会是调节大脑工作状态和情绪系统的有效途径。

孩子刻苦努力却一事无成，是任何一个父母都不想看到的，因此需要更为审慎思考我们到底要怎样牵引孩子，帮助他们走向自我认同的发展道路。全面发展不仅是身心健康的基础，也是与他人建立良好关系的纽带与桥梁，而良好关系又是自我认同，获得存在感、成就感和幸福感的前提条件。

成长中任何一个方面的缺失都会付出相应的代价，唯有感性的理解和理性的引领才能帮助迷失于成长迷雾中的孩子重新找到自己前行的方向。

如何帮助自己树立正确的价值观

如果自己是从小在"成绩至上"的教育中长大的人,那么可能已经形成了"成绩高于一切"的价值观,这会深深影响我们以后的人生。这种情况下,我们应该多参加一些除学习或者工作以外的活动,努力去发掘生命中更有意义的事,慢慢树立正确的价值观,然后再反过来影响自己的父母乃至身边的人。

Part three

学会善待自己，停止自我攻击

如果情绪与情感无法正常表达，人的攻击性就只能向内，而一旦开始自我攻击，就会产生很多的问题。当所有的情绪与情感都有合理的宣泄与恰当的归处，就会降低我们向内或向外的攻击性，获得真正的情感自由。

故事一
为"情"所伤

映雪生于冬日,肤白胜雪,家人怜爱有加,起了这个美好的名字。这个姑娘不仅长得漂亮,气质也很好,可以说是人见人爱。父母养育得精心,要求更严格,因为各方面表现都很好,她一直担任班长。成长过程很顺利的她,因为一个男生的"表白",陷入了疑似早恋的情况中,家人和老师纷纷介入,错综复杂的"情伤"险些摧毁了她。

1. 踏雪而来的"映雪"

一个初雪渐停的午间,浅金色的日光泼洒在细碎的薄薄雪层上,反射着荧荧的浅黄光晕,朦胧如童话。我站在楼下,等待一个叫映雪的女孩儿,是从初中校区过来找我的孩子,她不熟悉心理辅导中心的位置,需要接应。

我有点儿好奇,什么样的孩子,拥有如此美好的名字,还恰好应了今天的景致。

一个小小的身影出现在视野里,徘徊在远处的校门口,根据时间推测,估计是映雪到了,于是,我迎了过去。

故事一
为"情"所伤

"你是映雪吗?"

"嗯,对,老师好!"她点头应承,同时鞠躬,是个非常有礼貌的孩子。小姑娘面色苍白,蛾眉明眸,梳着长马尾辫,短短的刘海儿,五官精致,真是人如其名。因为没穿外套,也没有戴围巾和帽子,她细瘦的身躯在宽大的校服里轻微抖动,更显得弱不禁风。

"这么冷的天怎么不穿外套呀?"我边说边赶紧轻轻揽过孩子,加快脚步跑向办公楼门。

进到辅导室里,我和映雪都气喘吁吁,我们相视而立,会心一笑,这个稍显独特的见面方式令我们熟稔不少。

我倒了两杯热水,和她一起坐下暖暖手,我问:"映雪,你怎么穿这么少?"

"出来得匆忙,忘记拿外套了,不过我喜欢下雪,冷冷的感觉也挺好。"映雪说着话,脸上的笑容逐渐淡去,刚才短暂的兴奋平息后,她脸色苍白依旧。

映雪是她的班主任老师推荐过来的,说她原本是各方面都非常优秀的孩子,因为早恋影响了学习,导致状态越来越不好。班主任告诉我,映雪是班长,聪明漂亮,家庭条件也很好,初三刚开学班里的一个男孩儿给她写了封情书,家长知道后怕影响孩子学习,找到学校,让老师介入一下。班主任找到男孩儿谈话,没想到映雪的家长自己也找了对方,后来还见了对方的家长,问题越来越复杂。映雪压力太大了,导致学习下滑,身体也不太好,家长急得要命,三天两头找老师找学校,班主任老师实在应付不来,才推荐过来接受心理辅导。

"映雪,你来找我是老师要求的,还是自愿来的呢?"

"嗯，算是自愿的吧，"她沉吟了一下，回答，"以前老师建议我来找您，我觉得没有必要，觉得可以自己调整。可是最近状态越来越糟糕，不知道怎么办才好，于是又找到班主任，预约了心理辅导。"

"遇到问题能够面对，难以处理愿意接受帮助，这都是难得的勇气，我很愿意帮助你。那你跟我说说，你说的'糟糕'，指的是什么？"

她深深叹了口气，小小的脸上流露出的愁苦与她的年纪太不相称。

"老师，这样说吧，如果之前的生活是天堂，这几个月以来就是地狱，然而我怎么就从天堂坠入地狱，至今也想不明白，心里一团乱麻。"

我开始提出具体问题，帮她理清思路。事情的原委逐渐明晰，真是个糟糕的成长故事，映雪之前使用的"坠入地狱"一词，相当准确。

2. 一场随表白而来的灾难

"从升入初三不久到今天，就像一场噩梦。之前的日子都挺好的，没什么烦恼，每天就是上学、上补习班、假期和爸爸妈妈出去玩儿什么的，挺顺畅。读初三后一切都完了，现在所有人都讨厌我，不仅成绩下降好多，而且想学习也学不进去，都不想上学了。老师总找我谈话，同学们讨厌我，家里人的耐心也快没了，他们总会冲我发火，估计对我也不抱什么希望了。"映雪声泪俱下。

我递给她纸巾，说："别着急，缓一缓，慢慢说。"

故事一
为"情"所伤

她哭了一会儿,稍微平复了些。

"发生这么大的变化,是不是很慌乱,还有点儿害怕?"

小姑娘用力点头,刘海儿濡湿,眼神像失措的小鹿。每当看到孩子如此无助,我都会心疼。

我不禁伸出手去帮她理理头发,说:"别太担心,有问题,就有解决问题的方法,咱们从头捋一捋,尽可能把发生的事情回顾和整理一下。"

映雪从小到大一直是学生干部,和老师、同学的关系都不错。因为总是做得很好,几乎没有被批评过,所有人都对她很满意。上了初中之后映雪当了班长,开始的时候因为管理班级的方法太简单,和同学有些冲突和摩擦,在老师帮助下很快调整了过来。

同学们逐渐长大,早恋的事情时有发生,老师觉察到就会立刻处理,还经常嘱咐班干部要警惕这种事情,不能姑息,因为初中生最容易因为早恋影响学习。映雪的妈妈也是中学老师,很反对她早恋,时不时提醒她,有时候甚至还会检查她的手机,看她的QQ聊天记录。

映雪虽然和同学关系挺好,大家也都很配合她的工作,但是她没有特别要好的朋友,只有两个小学时也同班的女孩儿,偶尔会多和她说几句话,这是她知道一些班级"内幕"的唯一渠道。很多同学暗地里都有喜欢的偶像或者异性同学,也有男生喜欢映雪,但是因为她是班长,一直认真执行班主任的指令,同学们自然心存防备,所以映雪知道的事情并不多。

安稳的日子习以为常,然而变故总是猝不及防,初三开学不久的一个傍晚,躺在映雪书桌里的粉红信封,以及周围同学兴奋的眼神,是开启"噩梦"的钥匙。

那天放学后,映雪从班主任那里回来,还有几个同学在教室里,他们过于热情地和她打招呼,让她感觉怪怪的。回到座位拿书包时,她看到一个粉色精致的小小信封躺在书桌里,好奇地打开来看,工整的字迹,写满整整两页信纸。只是草草看了几眼她就明白这是封表白信,是班里的一个男生写的。映雪感到很慌乱,赶紧把信收起来,向四周张望,看得出来在一旁佯装聊天的几个同学分明知道内情。

映雪被表白还是第一次,心里的感觉非常复杂、紧张、恐惧,甚至还有些愤怒。她说刚看到信时很震惊,很快就担心老师和家长知道了怎么办,而且这种担心并非多余,因为同学们知道自己收到了情书,也都知道老师特别反对早恋,这次班长遇到了这样的事,估计都是来看笑话的。于是她越来越生气,讨厌这个男生太莽撞,干吗非得写信,非得让大家都知道呢。她是心里装不住事情的孩子,一脸烦闷地上了来接她的妈妈的车。

妈妈对映雪的一切都了如指掌,映雪说这也是她不会隐瞒心事的一个原因,因为总会被妈妈发现,所以早就放弃藏什么小秘密了。看到她的表情,妈妈立刻就询问怎么了,刚开学能有什么事情呢。映雪先是不理,推说不太舒服,妈妈显然不相信,一路都在不停盘问。回到家里,妈妈准备晚饭,映雪依照往常的规律先洗澡,然后休息一会儿再吃饭。饭桌上妈妈继续问她怎么了,还说要打电话问问班主任。映雪觉得反正这件事自己也解决不了,干脆告诉妈妈得了。映雪说这是一个让她后悔一辈子的决定。

当时妈妈只是有些吃惊地停顿了一瞬,表扬映雪做得对,说这样的事情应该告诉大人,也没有多说什么,只是要走了那封信,说是怕她分心代为保管。没有想到的是,转天,这封信就被妈妈拿到班主任的面前。还在上着课,写信的男孩儿就被班主任叫出去了,映雪有种不祥的预感。果然,课间的时候男孩儿回来了,路过她的身边时,盯视了她几秒。映雪不自觉仰头,第一次凝神看一张男孩子的脸,她看到了绷紧的嘴角、蹙起的浓眉,犀利的眼神让她有点儿担心。他瞬间转头,映雪听到一声不易觉察的叹息。这几秒钟的对视,定格在了映雪的脑海里。

从那天开始,映雪感觉同学都以奇怪的眼神看她,下课时同学们三三两两议论着什么,她一靠近就不说了,只有各种眼神扫射过来。紧接着,班会课上班主任整整一节课都在说早恋的弊端,说初三多么重要,哪有心思谈情说爱,不考虑自己的前途也别干扰别人云云。虽然没有指名道姓,大家也都知道老师说的是谁。

班里的空气更加紧张了,有的同学不但不避讳她,还故意让她听到一些很难听的话,什么装清纯啊,马屁精啊,甚至还有"心机婊"等不堪的词汇。

3. 伤人的往往是亲情

映雪说给自己写信的男孩儿在班里人气挺旺,他很爱运动,性格开朗豁达,长得也很帅气,班里班外朋友有很多,有好几个女孩儿都喜欢他。老师不太喜欢他贪玩儿，其实他很聪明，即使不怎么用功，成绩也不差。除了学习和处理班里的事情，映雪和大家来往都不多，家长管得严，也没机会参加同学们私下里的活动。这个男生和她一起上过补习班，偶尔说几句话，没觉得他有什么特别，但是自己并不讨厌他。

妈妈拿走了信，不是代为保管，而是去找班主任，这件事自己并不知道。而且也想不到班主任会说得那么难听，虽然心里对男孩儿感到很抱歉，但无法解释和弥补。同学们的冷言冷语听多了，映雪实在受不了，第一次和妈妈发了很大的脾气，责怪她不和自己商量就把信交给老师，结果众叛亲离。当时姥姥姥爷也在，他们批评映雪没有礼貌。她大哭一场，第一次没写作业，转天也不去上学。映雪没有想到，抗议的结果引发了更糟糕的事情。

映雪没上学的那天，放学时妈妈还是去了学校，在校门口等到那个男孩儿，询问为什么映雪会被很多同学冷落，甚至说风凉话，是不是他搞的鬼，等等。具体的对话内容不清楚，大概意思是指责男孩儿写情书不对，后来还打击报复就更不对了，等等。

和男孩儿放学一起回家的伙伴，知道映雪妈妈找他说这件事，而且很不客气，于是消息很快就在学生之间传开。映雪转天去上学，发现局面更紧张了，班里同学几乎都不理睬她。她找到机会，硬拉住小学同学问怎么了，才得知妈妈前一天来学校找男孩儿交涉的事情。

开学不过两周，自己的世界忽然塌陷得面目全非。映雪不敢再说什么，也不知道该做什么，似乎唯有沉默可以和如此糟糕的境遇抗衡。老师和家人觉察到映雪的低迷，对她的关注越来越多，映雪敷衍着，觉得度日如年。

妈妈没有隐瞒去见男孩儿的事，说他挺有礼貌，不能说是坏孩子，但是太有主意了，而且一看就很聪明，很会说话，应该挺招女孩子喜欢，那天和他一起出校门的男生女生有好几个，这样的孩子更不能接近，等等。映雪只是听着，不能发表任何意见，因为担心妈妈又会做什么。很快初三第一次月考到来，映雪成绩明显下滑，妈妈看着成绩单眉毛紧紧扭着，虽然没说什么，但映雪感觉到山雨欲来。她赶紧解释说是自己状态不好，和别人没有关系，下一次一定能追回来。可是家长会后，妈妈还是找到了男孩儿的家长，要求做男孩儿的工作，让他不要再打扰映雪，还要帮助映雪挽回同学关系。

在学校和家里，同学蔑视的眼光、窃窃私语、明里暗里的指责，以及家长和老师的引导、劝慰、鼓励，映雪都以沉默面对，思想逐渐游离出去，上课和写作业时也经常发呆。她不自觉地常常寻找那个男孩儿的身影，对他的情感很复杂，有抱歉和难过，也有怨恨和愤怒。

4. 喜欢上不喜欢的人

关注得多了，她越来越发现男孩儿有着独特的魅力，同样是面对问题，他却那么洒脱、阳光和自信。虽然自己和妈妈处理情书的方式给男孩儿带来不少麻烦，可是他一句难听的话也没有说过，偶尔还会若有所思地看着她，想说什么的样子，但映雪总是躲开。

之前印刻在映雪脑中的少年英俊而愤懑的脸，经常滑到眼前，映雪发现自己竟然越来越喜欢这个男孩儿了，这种感情的变化实在太像一个玩笑。她后悔自己竟然都没来得及认真读一遍那封信，不知道男孩儿到底喜欢自己什么，是从什么时候开始喜欢自己的，这一切似乎永远是个无解之谜。

"情书事件"渐渐淡去，但是映雪的状态却怎么也调不回来，恍惚和沉郁中，又一个月过去了，成绩比之前又下降了不少。老师也不像之前那样总是跟她谈话，班里的事情也常常找别的班委完成，而且看着她的眼神逐渐显露出无奈和忧心。

家人也渐渐失去耐心，之前的劝慰和鼓励慢慢变成责怪和批评。连一直最宠爱自己的爸爸也板起脸来说她不思进取，关键时候撤退，是愚蠢的表现。映雪很少回嘴，只是听着。

映雪的状况逐渐发展为睡眠不好，不爱吃东西，早上时而起不来，作业有时完不成，就拒绝去学校。一次妈妈急了把她从床上拖起来，她也很气愤，把自己反锁在房间一天不出来，搞得家里鸡飞狗跳。后来爷爷奶奶来了，把妈妈劝走去上班，映雪才打开房门。

奶奶退休前是高中老师，她和映雪聊了半天，说小女孩儿遇到感情的事情容易受到比较大的影响，尤其像映雪这么单纯善良的孩子，所以妈妈才那么紧张，这几个月妈妈身体也很不好，消瘦得厉害。奶奶举了好多自己教过的学生的例子作为前车之鉴。奶奶的话很有道理，虽然映雪知道自己的问题一开始不是早恋，但是现在的确喜欢那个男孩儿，好像又算是了。

很快半个学期快要过去了，自己之前志在必得的重点高中重点班，看来已经遥不可及，如此下去的确不是办法。于是她决定改变，要找回之前的状态。可是越是努力集中精力学习，男孩儿的脸越是在眼前晃来晃去。越是想要埋头学习，越是不自觉寻找男孩儿的身影。

映雪总是不自觉地偷偷看男孩儿，被同学们发现了，新的流言蜚语渐起，同学们觉得她有毛病，之前装清纯那样对人家，这会儿又神经兮兮地"犯花痴"。这简直太丢人了，映雪觉得自己实在太可恶，讨厌死自己了，于是拼命压制乱七八糟的心事，有时甚至会狠狠掐自己，可是无济于事。

映雪知道这样下去很可怕，不但多年的努力学习没有了意义，甚至连做一个正常人都会很艰难，那可能就真的完蛋了。慌乱恐惧至极，于是请班主任帮忙预约心理辅导。

5. 心病还需心药医

故事讲到这里，前因后果已经比较清楚了，我递给映雪一张纸和一支笔，让她把整个事件中的主要环节和引发的结果画成一个环状的图，并找到每一个事件和结果之间自己的感受和应对方法。

运用这种方法，可以引导映雪理性分析导致目前状态的各种原因，看到事件之间的相关性，找到消极的循环关联，并寻找有效的切入点，再运用适当方法切断循环连接，才有恢复的可能。

通过引导映雪在聚焦问题的同时进行理性分析，她很快认识到调节态度和观念是解决问题的关键环节,是帮助自己最为快捷的方法。

映雪的问题源自过于听话,易于引导的主要原因也是听话,所以凡事皆有两面,用对了就是优势。她按照我的要求和提示,迅速找到自己在整个事件中缺乏独立判断和主动应对能力这个主要原因,这段遭遇可以理解为是在为自己的内心成长付出代价。

此外,过于感性、完美主义、内心不够强大等特点,是她找到的与目前糟糕状态密不可分的内部原因。找到了问题的症结,再分析如何应对就顺畅很多。

映雪首先要完成的任务是正确看待自己的情感变化,因各种变故而导致的对男孩儿的过度关注,加之青春期性心理的正常发展需求,产生情愫是正常现象,没有必要刻意压制,只要调节好行为反应即可。

之前种种很多出于误会,比如妈妈一直误认为是男孩儿表白不成,伙同同学孤立映雪;同学们一直认为映雪不懂尊重感情,搬出家长指责喜欢自己的伙伴,才排斥她;老师和家人误认为她是因为情感问题影响学习,进而出现消极情绪和不负责任的行为。

在众多误解中,映雪都没有积极努力地去澄清误解,要么情绪激动无法达到解释的目的,要么保持沉默消极承受,这些都是不当的应对方法。她对男孩儿一直有心结,却没能主动沟通,而是选择逃避,这样做永远也解决不了问题。

我给映雪留了两个作业:一个是找机会和男孩儿交流一下,澄清之前的误解,对于不当之处请求谅解,这件事情自己独立去做;

另一个是整理好自己的情绪和情感，同时尽力完成学习任务，杜绝随意不写作业和不来上课的行为，尽力而为。同时约定，两周后同一时间再次来找我，评估映雪的执行能力。

映雪离开辅导室时面色依然苍白，但是眼神中明显多了坚强和笃定。

孩子转变观念相对容易，执行力也强，相较而言改变大人很难。我告诉映雪的班主任，孩子有明显的情绪障碍，让她提醒家长多关心照顾。尤其是妈妈，少指责批评，也别总是来学校，会给孩子增加压力。如果孩子再严重一些，就要转介给心理医生了，希望父母能够配合心理辅导的效果，尽可能帮助和支持孩子自己战胜障碍。我把话说得有些严重，我只是希望成年人即使不能给孩子帮忙，也别再帮倒忙了。

两周以后再见到映雪，她的神态明显的平和从容，小小的脸庞也有了血色。她趁着上补习班的机会，和男孩儿说了之前的事情，并诚挚道歉。

男孩儿说自己没太在意，而且写表白信是自己欠考虑，也是因为几个小伙伴鼓励自己大胆表白，才一冲动就那么做了。男孩儿喜欢映雪聪明和善，漂亮又不矫情，没想到给她带来这么多麻烦，最后，男孩儿鼓励她抓紧复习把成绩追回来。

话说开了，心情就会舒畅很多，两个孩子约定一起努力，争取考入重点高中。因为自己的学习状态和情绪都在恢复，家里的气氛也好多了。男孩儿在学校开始和自己讲话，带着其他同学也慢慢理睬自己了，一切都在向好的方向发展。

6. 写在后面

严格要求与宽容以待并不矛盾

映雪的辅导结束后不久,她的妈妈来学校找我。我得知映雪出生在一个教师之家,唯有爸爸是外企高管,爷爷奶奶、姥姥姥爷还有妈妈都是老师,而且从小学老师到大学老师都有,觉得很神奇。

映雪的父母都是独生子女,她是真正的掌上明珠。孩子生于冬日,肤白胜雪,长相可人,家里人爱不释手,起了这个美好的名字。映雪一直在家人的细心呵护下长大,但是由于是教育世家,所以对映雪的教育从不放松,可以说是精养严教。

对孩子严格要求是正确的,即便经济条件很好,也需如此。但是严格要求的是过程,而非结果。映雪的父母过于关注孩子的学习成绩,却忽视了成绩背后的真正干扰原因,险些造成孩子的心理障碍。

发展顺利的人往往抗压能力更弱

映雪妈妈表达感谢的同时,也说出心中的很多疑惑,她不明白从小悉心培养的孩子,一直很独立,能力也很强,怎么会在这么短的时间里出现这么大的问题,还差一点儿闹出心理疾病。

虽然现在孩子基本恢复正常,但是能看出来不像以前那样和妈妈无话不谈了。映雪的妈妈心里有点儿没底,不知道自己到底错在哪里。

其实映雪在面对突如其来的"广泛不满"时,非常无助和慌乱。

她之前的成长经历太过顺利，没有类似的体验，自然反应强烈，以至于启动了心理防御机制。

"逃避"是很常见的心理防御机制，然而如果运用太久，会带来很多问题。逃出人际关系会让自己越来越自闭，逃出学习活动成绩必然会下降。

越是发展顺利的孩子，在青春期越容易遇到问题，这一点家长一定要切记。

青春期"恋情"萌动很正常，不可莽撞介入

这样一个美丽大方、行止有度、气质优雅的孩子，学习成绩还非常优异，在伙伴群体中会很受欢迎，哪怕招致爱慕都非常正常。

成年人必须了解和遵从成长的规律，十几岁的女孩子有男孩儿喜欢是再正常不过的事情，虽然早恋有许多弊端，但是堵的方法行不通。映雪的确是因爱受伤的孩子，但是伤害她的爱并非早恋之爱，而主要是过度保护的母爱和师爱。

家长和老师不问缘由地介入，使孩子遭遇史无前例的伙伴关系危机。过度的挫折是伤害，再训练有素的孩子应付不来时自然也会反抗或者消极应对。

孩子于亲情的重重围裹之中伸不开手脚，进入青春期后面对家人依然毫无保留，是透明的状态，哪里来的独立精神和自主能力。

稚嫩的小生命要呵护，也要经历一些风和雨，甚至霜和雪，大人可以提供躲避的工具，但是也要教会他们灵活使用。

如何应对自己萌发的感情

如果自己是一个一直听从父母安排的人,在自己产生对异性的好感时,要先让自己冷静下来,不可采取盲目的行为,不然表白者与被表白者都会陷入困境。而那些在青春期因为没有处理好这种感情导致自己一直不会处理与异性之间关系的成年人,可试着放下自己的心结,没有什么事是时间无法平复的,先调整好自己的心态,再去应对生命中重要的情感。

故事二
"私奔"的青梅竹马

青源和梅儿从小一起长大的,非常投缘,是兄妹一样的好朋友。小学到初中都在同一所学校,青源很淘气,梅儿很稳重,是"资深"三好学生。梅儿一直是青源的"小老师",初二之后,青源才懂得认真学习,但进步很快,最后考入重点高中。梅儿因为有些偏科,以极小分差落榜,进入普通高中。孩子们一如既往地亲密相处,家长的心态却发生了变化,无端的猜忌和冲突,风波迭起,导致两个孩子携手离家。

1. 难得的青梅竹马

青源和梅儿都是我教过的学生,青源在重点高中部,梅儿在学校自办的普通高中部,学部不同,生源有差异,但是教授功课的老师并未分开。升入高中后,他们都参加了心理中心的社团,所以时常可以见到,因为形影不离,状如小情侣,常常被同学打趣。

最初我有点儿疑惑,虽然现在的孩子们在异性交往和情感问题方面越来越开放,但是在学校里还是比较在意举止言谈,不会太过明显。

一次小组活动他们两个头挨头地忙活，我站在旁边好奇地多看了几眼，被青源发现，他笑嘻嘻地说："老师你看啥？是不是也误会了，这个同学不是女朋友，是个'跟屁虫'！"

梅儿转过脸来，一样的明媚灿然，一边瞪了青源一眼，一边用力点头附和："没错，老师，这位同学是个'跟屁虫'！"

看着孩子们可爱美好的面孔，诚挚纯净的眼眸，我内心顿生愉悦，我哈哈一笑，疑惑全然不见，逗趣地问了一句："哦？我说什么了吗？"同组的其他孩子们都笑了。

后来知道，青源和梅儿是真正的青梅竹马，他们的爸爸是大学的同窗好友，先后结婚生子，孩子出生相差只有半年，住得又很近，所以孩子们从小就在一起玩儿，是两家共有的"拼凑版"的儿女双全。从幼儿园一直到高中，青源和梅儿一直同校，小学时还同班，青源大几个月，活泼好动，一直像个哥哥一样保护梅儿。梅儿单纯可爱，聪明伶俐，是青源的"小尾巴"，同时认真稳重，处处管着青源。了解他们的同学都知道，这是一对像双胞胎兄妹一样的挚友，别说很多孩子羡慕他们的缘分，连老师们都觉得谁要是真有这么一双儿女，该算得上是人生圆满了。

高中生的社团，初建的时候指导老师参与较多，等孩子们清楚了工作和活动流程，并制订详细的活动计划后，就主要由社长带领，逐渐实行自主管理，指导老师基本不予干涉，所以见到社团孩子们的机会越来越少。

那一学年下学期开学时召开社团工作会议，社长问我："老师，你还记得青源和梅儿吧？"我点点头。

"听说他们在寒假里'私奔'了，您知道吗？"

我闻言一惊，两张可爱的笑脸浮现于脑海，混合着刺耳的"私奔"两个字，感觉很不舒服。也许是表情过于凝重，社长有点儿紧张，问道："老师没事吧，是不是也被吓到了？"

我顿了顿，说："你给我说具体些好吗？发生了什么事情，为什么叫'私奔'呢？"

"具体的我也不是很了解，是听社团里高一的同学说的，青源和梅儿寒假里一起离家出走了，跑去南方的什么地方，家长费了好大劲才找回来的，至于为什么和之后怎样了，就不清楚了。"社长本是比青源他们高一届的学长，能了解这么多，说明不是小事。

"应该是出了什么状况，很可能是因为两个人一起走的吧，但是'私奔'这个词不能用，有点儿唯恐天下不乱的感觉，大家用词要恰当，以免以讹传讹。小孩子离家出走需要很大勇气，青源和梅儿并不是那种个性特别强，特立独行的孩子，应该是发生了什么事情。他们俩都是心理社的成员，需要关照一下，看看目前情形如何，是否需要帮助。"

社长和几个骨干成员点头，说："之前没想那么多，是要注意一下，纠正大家的说法，他们俩也许很需要帮助。"

2. 压抑太久的情绪

由于心里装着这两个孩子的事情,我参加了开学后的第一次社团活动,不过只见到了青源,社长说梅儿转到了别的社团,是团委老师批准的。表面上看来青源没什么异样,跟同学们交流顺畅,可是少了"小尾巴",也少了明媚如阳光的笑容,显得那么孤单。

社团活动结束后我留下他,开门见山地问:"我听到些你和梅儿的事情,并不了解事情的原委,只想问你能否应付得来,是否需要帮助?"青源个子长得很快,我要仰视才能看到他棱角分明的脸,仔细端详是个样貌很精神的大男孩儿。

他浓眉紧锁,想了一会儿,说:"老师,我心里很乱,不知道该说什么,但是很感谢您关心我。"停顿了一会儿,他继续说,"也许梅儿需要帮助,看看老师有没有时间?"

两天后的午间,梅儿来到辅导室,有一段时间没见,感觉她也长大了不少,个子高了也瘦了,记忆中圆圆的脸变尖了许多,肤色白皙,束起的短马尾显得五官小巧精致,只是和青源一样,笑容不再。

"前两天活动中没见到你,怎么换了社团?"社团属于实践类课程,没有很特殊的原因不可以更换。

梅儿咬了咬下嘴唇,叹了口气,眼睛中闪着水光,说:"还有家长干不出来的事情吗?"声音不大但是充满怒气。

"哦,你是被迫换社团的。"

"如果我不同意,就会连学都转了。"

"难道是因为青源在这个社团吗?到底发生了什么事情,感觉好像很严重。"

梅儿忍不住了,泪水涟涟,哭个不停,这孩子明显压抑太久了。用掉了大概半包纸巾后,她渐渐收住了眼泪。心情糟糕的时候,痛快地哭一场常常比什么都管用。

"心里是不是不那么堵了?"

她点点头。

"你能不能跟我说说发生了什么事情,看我能否帮助你。"

"老师,大人是不是都特别势利,特别自私?"梅儿清一清喉咙,问我。

"哦?你为什么会有这个疑问?是怎么得出这个结论的?"

"以前觉得爸爸妈妈特别好,青源的爸爸妈妈也很好,我像有两个爸爸妈妈一样,特别幸福,可是现在觉得还不如一个都没有呢,以前是没看清他们的真面目!"小姑娘又生气了。

我赶紧安抚她,说:"梅儿先别急着生气,能不能从头给我讲讲到底怎么了?"

梅儿很听话,深呼吸了几次,平复了一下情绪,开始告诉我原委。

3. 都是"成绩"惹的祸

梅儿和青源一起长大,情同手足,认识他们的人都知道,不需要细说。两人的父母都不是本地人，长辈们都住得远，无法帮助看顾孩子，所以青源和梅儿的父母就合作带孩子。从幼儿园开始就把他们放到一个学校，孩子能有个伴儿，可以互相帮衬，家长也可以交替接送和照管，节省时间，所以两个孩子在一起的时间和亲兄妹也差不了多少。

青源很聪明但是很调皮，时不时惹点儿祸；梅儿虽然年纪小一些，但是小姑娘细心乖顺，学习成绩很好，处处管着青源。虽然青源经常说梅儿像老师一样，很烦，但是梅儿的话他都听。两个孩子就这么互相陪伴着长大，一直到初中毕业前，都相安无事、其乐融融。

问题出在中考，梅儿没有考好，与重点高中线差了几分，一直落后的青源倒是超出重点校的分数线很多。梅儿很难过，青源鼓励她说没关系，开玩笑说也该回报一下梅儿老师了，不会让她掉队的，就让她报考同在一个校园的普通高中，跟在一所学校没两样。只要不和青源分开，梅儿心里就踏实很多，她也相信自己一定会追上去，考个好大学。

可是大人并不这样想，梅儿说分数出来后妈妈的脸色就没好看过，还哭过几次，想起来就责怪她不争气。说考试前还给青源讲题呢，结果自己考不上，丢人、吃亏什么的。梅儿听了很生气，但是因为自己的确没考好，就没有顶嘴。

原本两家人每周都在一起聚餐，那一阵因为气氛不对，也以各种借口暂停了。以前两个孩子在两个家庭自由来去，和自己家没什么不同，但是因为妈妈不开心，看到青源也不爱理睬，爸爸打个圆场也不自然，青源就来得少了。自己去青源家倒没什么，青源父母很高兴见到她,总说梅儿给青源好多帮助什么的,其实梅儿一点儿也不想听到这些话,不明白为什么家长把考高中的事情看得这么重。

妈妈说她是大姑娘少往外跑,在家里赶紧预习高中的功课,已经落下一步了,不能更差了,还给她报了高中预习班。之前报补习班都和青源一起,这一次妈妈只是给自己报名参加,说老师水平高,名额有限。梅儿想反对,看着妈妈阴沉的脸,没敢说什么。跟青源解释,他倒是乐得不参加,整天在外面踢足球、打篮球什么的。

终于熬到开学,两个孩子又可以自由自在地一起上学了,梅儿好开心,长长舒了口气。中考风波貌似平息了,两个爸爸还是交替着接送他们上学放学。虽然分属不同的学部,不过就像青源说的,跟在一所学校读书没有差别,所有学校的活动都可以共同参加。上高中后青源和梅儿的角色互换了一下,梅儿很听青源的话,把学习放在重要的位置,同时也要参加很多活动,反正青源干什么,只要条件允许,梅儿就会一起去,于是就有了校园里形影不离的"龙凤胎"。

高中的功课一下子难了很多,尤其是理科,虽然梅儿一直是用功的孩子,但第一次月考还是差得离谱,三门理科都不及格,一下子被甩到年级几百名,青源倒是考到了年级前一百名。梅儿懊丧得要命,青源安慰她说没关系,很多同学不及格,是刚开始上高中不适应,梅儿冲他发火说快成"学霸"的人说得倒是轻松,还理睬"学渣"干吗。青源笑着看她发脾气,知道梅儿并不是真的生气,这么多年在一起彼此太了解。后来青源帮梅儿分析说其实她的文科很好,理科差点儿没关系,高二分文理可以扬长避短,能考上好大学就行。而且青源保证给梅儿补课,一定要把她的成绩拎上来。

月考后学校开了新生第一次家长会,这次不仅是妈妈生气,爸爸也挺不满意,问她是怎么学的,就算功课难,也不至于考得那么烂。有爸爸帮腔,妈妈更没完了,说了不少难听的话,如就知道疯玩儿、臭美什么的。最让梅儿不能接受的是,妈妈竟然说她和青源关系不正常,从初三就开始分心,所以考不上重点高中,成绩越来越差,甚至说女孩子不自重就是自找倒霉,人家男孩子什么问题都不会有。

梅儿气得不知道说什么好,她看着妈妈,第一次觉得她是一个泼妇。梅儿夺门而出,第一次离家出走。梅儿独自在经常去的一个小公园待到午夜,哭到没有力气,也不想回家。还是青源找到的她,因为只有他知道梅儿会去哪里。梅儿的父母找不到孩子,非常担心害怕,才找青源家帮忙,害怕她再做出什么极端的事情,也就没有多说什么。

青源问怎么回事,梅儿只是说了爸妈对成绩不满意,吵起来了,其他的话不能跟青源讲。从那以后,梅儿放学回家后沉默很多,几乎不说什么话。休息日照常去补习,或者是找个地方听青源给自己讲题,很少再穿梭于两个家庭之间。孩子们发现,大人们之间的关系也没有之前那么融洽了,尤其是两个妈妈,很少见面聊天。

高中的考试比较密集,基本每个月都会有测试,主要目的是了解最近一段学习的效果和存在的问题,可是家长们并不这么想,大多极为看重分数和名次。高一上学期的几次考试,梅儿的成绩都不理想,虽然最糟糕的是第一次,之后都有进步,但是并不明显。青源则是第一次考得最好,之后都略有下降。梅儿猜测青源成绩下降他妈妈也会数落他,但是青源大大咧咧的,根本不在乎,也不会跟梅儿说。

梅儿和青源在一起的时候表现得很开心也很放松,男孩子粗心一些,觉察不到梅儿的心事越来越多。

4. 携手离家

最激烈的冲突发生在元旦假期,两家很久没有一起吃饭了,两个爸爸觉得这么多年跟亲人一样地相处,这么淡下去太可惜了。结果在饭桌上,两个妈妈你一言我一语的,火药味道渐浓。提到学习和很快会来的期末考试,青源的妈妈说儿子成绩一直在下降,就是太贪玩儿,必须收心复习,是全区重点高中联考呢,可以了解一下自己的实力究竟如何。这话戳到梅儿妈妈的痛点,她没好气地说青源的实力已经很强了,不用怎么了解都知道,哪像梅儿傻瓜一样,从小就不知道为自己打算,连个重点高中都没考上,结果成绩越来越差。

感觉到气氛不对,爸爸们赶紧打圆场,聚餐草草结束,可以说是不欢而散。回到家里,梅儿的妈妈还唠叨个没完,对梅儿说以后别以讲题为名见青源,谁知道他们在干吗,宁肯找一对一式的家教,花多少钱都愿意。梅儿伤心得要命,因为妈妈的无端猜测,也因为青源妈妈讲话的语气,分明也是话里有话。

原本和青源约好元旦假期一起复习,结果他没有联络自己,估计回家后也挨骂了,也许他妈妈不让他再分心给自己讲题了。这样也好,根本没有复习的心情,光讲题有什么用。假期后上学,孩子们没有坐同一辆车，两个爸爸很默契地配合着家庭关系的转变。在学校里遇到青源，他勉强挤出的笑容还不如哭好看，梅儿注视了一瞬沉默离开，青源也没有追来说什么。很快期末考试结束，考试结果可想而知。梅儿不知道之后还会发生什么，等待着暴风骤雨。

期末家长会后，妈妈倒是没像从前那么激动，很平静地同梅儿约法三章：第一，假期除了补习不许外出，手机和电脑禁止使用；第二，下学期开始学校里所有与学习无关的活动不许参加；第三，不许再单独见青源。她听到妈妈对爸爸说孩子主意太正，在家里不说话，在学校疯着呢，再不管就管不了了，爸爸没吭气儿，他一贯说了不算。

梅儿知道说什么都没有用，也不屑于说什么，只是长久地坐在卧室的窗前，回忆着小时候两家人在一起的快乐场景，那时候大家有说不完的话。想着想着忽然切入妈妈阴郁的脸，还有清源妈妈难掩自得的表情，画风太分裂了。成年人的世界究竟是由什么组成？什么是信任，有没有真正的感情呢？是不是自身的利益没有保障的时候一切就都可以丢弃？梅儿的小脑袋飞速旋转，愤懑得快要炸裂了。

梅儿觉得自己得了抑郁症，对什么都没有兴趣，懒得说话，懒得起床，懒得写作业，别说手机电脑管制，不管制也不会动。她想自己消失掉了才好，不要被任何人发现才好。连续几天封闭在家里，不怎么吃东西，睡得也很少。妈妈认为她在消极抵抗，也不怎么理睬她，有几次忽然回来突击检查，发现梅儿都老实地待在家里，估计她年底工作忙，最近也就不回来突击检查了。

一天上午，敲门声响起，梅儿不理，越敲越响，门都快敲掉了，不用想都知道是谁来了。梅儿打开门，青源愤怒地冲了进来，问她怎

故事二
"私奔"的青梅竹马

么回事,是不是还活着,手机一直关机状态,QQ 都快发爆了也没有回音。梅儿看着他跳啊叫啊的,一言不发,很恍惚,就是觉得很疲惫。青源忽然停下来,怔怔地看着梅儿,终于发现她状态不对。长久以来的压抑,几天来的精神和身体耗竭,梅儿估计自己当时跟女鬼差不多。梅儿第一次在青源的眼中看到泪水,那可是个从小就什么都不怕的男孩子。

之后青源只是问梅儿怎么样才好,怎样可以帮到她。梅儿说想出去走走,要透透气,否则会憋死。青源说好,自己有很多积蓄,都是多年来长辈们给的零用钱,梅儿想去哪就带她去哪,只要她不是现在的样子。于是两个孩子简单收拾行囊,出发了。他们去火车站,只要向南,有到哪里的车票,就买到哪里。别人觉得奇怪,青源就说带着妹妹假期里外出锻炼和体验。就这么一路走走停停,不觉离家千里。

家里乱成什么样可想而知,青源说不用担心,自己已经给爸妈留言了,说只是带梅儿出去散散心,不是离家出走,过些天就回来了。而且每到一个地方,他就会用不同方式给家里报平安。自由行走的途中,青源一直想办法让梅儿开心,说早知道这样自己就不好好学习了,上个职校多好。梅儿说这个并不是重点,慢慢地将半年以来自己和妈妈之间结下的疙瘩都跟青源说了。

青源说其实自己也被妈妈不停唠叨,和梅儿妈妈的意思差不多,只不过男孩子不在意而已。他们一起分析家长这么不愿意他们在一起是为什么,担心早恋吗?这个很可笑。还有大人之间的友情真的那么脆弱吗?

青源说自己感觉两个妈妈本来关系也没那么好,是爸爸们关系不错才走得很近,因为中考后偶尔听到妈妈对爸爸说看"她"还得意吗,关键时候还是儿子争气,当时青源问妈妈说谁呢,妈妈没告诉他,现在想来是在说梅儿的妈妈。

找到了合理性,梅儿反而释然了一些,两个孩子渐渐忘记了之前的烦恼,开心地四处游荡。一天青源给家里拨电话,每次他都快速说几个字就挂断,这次没等他说话青源妈妈刺耳的声音传来说再不回来就出人命了,梅儿的妈妈送去医院急救了。青源愣住了,把电话给了梅儿。

5. 努力学习是唯一解药

梅儿的妈妈原本心脏就不太好,急火攻心发病入院,两个孩子乘飞机返回。爸爸嘱咐梅儿,妈妈说什么都听着,千万不能再做出什么冲动的事情。看着只是一个多星期没见的爸爸都变老了,愁苦的脸皱巴巴的,梅儿点点头。假期里梅儿基本都是在医院一边看书写作业一边陪伴妈妈,妈妈一开始不理睬她,慢慢也能说几句话,但是对于梅儿和青源出走的事妈妈只字不提,而且青源和父母来医院看望她时也被她拒绝了。

转眼开学了,妈妈也出院在家休养,她给班主任打电话要求给梅儿转社团,对梅儿说不许参加任何活动,否则一定给她转学。很多同学都听说他们离家出走的事情，开学后四处可见探寻的眼光，梅儿懒得理睬，原本和同学们有说有笑的她变得形只影单。偶尔见到青源也只是点点头，话都很少说。

青源还是很担心梅儿的状态，上次带梅儿出去散心回来后爸爸暴怒，说他以为自己这么做很仗义，其实根本不像男子汉，不想想这样做到底是帮了梅儿还是害了她，女孩子的名声很重要，虽然他们自己认为是兄妹，但事实上没有血缘关系。青源不知道接下来应该怎么做才对，也就什么都不敢做，他怕梅儿再出什么问题，所以建议梅儿来找我。

梅儿说："老师，我心里的感觉又回到假期前的状态了，什么都不想做，也谁都不想理。但是因为妈妈在养病，所以和上学期不同的是，我在家里尽可能多说话，装作心情不错，貌似认真做功课，到学校后就截然相反，睡眠和饮食都不太好。"

"梅儿，这些都是抑郁的症状，青源的担心并非多余，一个人承受压力和负面情绪的能力是有限度的，超出了自己的承受极限，病症难以遏制，后果不堪设想。虽然升入高中以来，发生了很多自己不想看到的事情，但是就这么消极拖延下去，发展成一个心理疾病患者，是否真是你的意愿？"

"我当然不想成为病人，但是不知道怎么办才好。"

"你目前的状况，是在运用消极承受的方法，除此之外，能否找到其他的方法呢？"

梅儿一脸迷茫。

"只要你想改变，就一定找得到方法。"我给她布置了作业，让她梳理一下这半年来的主要矛盾有哪些，以及这些矛盾之间有什么相关，不仅仅是自己和妈妈之间，可以将清源一家也包括进来，然后约好一周后我们再交谈。

梅儿很认真地完成了作业，她把出现的矛盾画成了一张图拿来跟我讨论，很快找到了最大的症结：学习成绩。看来唯有提高学习成绩，矛盾才可能弱化。

不评价妈妈的看法是否合理，仅仅针对"弱化矛盾"这个目标而言，最佳的途径是调整学习状态，提高学习成绩。此外，我对梅儿说我相信她和清源是手足情深的挚友，其实就算什么时候亲情、友情化作爱情也没什么奇怪的，但是高中时期学业很重要，这和他们的想法一致。

为了平息矛盾，可以和清源商量好，以家长认可的适当的方式相处，彼此支持和鼓励，考上理想的大学，就可以携手去更高的天空飞翔，这是他们共同的愿望。

此外，尊重大人之间的关系选择，友情不能勉强，之前是因为客观需要两家人彼此帮助，来往密切，发生了这么多事情之后不可能还回到从前，顺其自然比较好。两个爸爸倒是能够发动的资源，相信梅儿的成绩变好，再加上爸爸们的努力，两家的关系应该会有所改观。

清楚了应该如何应对，梅儿说："老师，我心里踏实了很多，压抑了那么久的内心总算有些空间了。"

几天之后清源来找我，小伙子恢复了生气，又是神采奕奕的样子。他说："谢谢老师，梅儿的状态好了很多。"我又跟他讨论了学习计划，还给他布置了任务,告诉他俩主要是各自管好自己的学习,必须取得好成绩,其他的事情先放一边。

有明确的目标才会有充足的动力,时间也会利用得充分,同时会因为价值感的增加而更加积极地投入。青源和梅儿为了共同的目标努力,进步日渐明显。梅儿更擅长文科,到了高二文理分班时,她的成绩已经可以进入文科实验班,在校园里偶遇,我也可以常常看到她的笑容了。

6. 写在后面

重视良好伙伴关系的建立,克服孤独感的消极影响

现在的人容易出现心理问题,孤独感是其中一个极为重要的诱因。智慧的父母会想方设法补偿孩子独自长大的孤单与寂寞,想尽办法创造机会帮助他们建立长久而稳定的伙伴关系。而能够自愈的人也是因为找到了将自己从孤独感中解放出来的办法。

伙伴关系不是双亲或者其他家庭成员与孩子之间的良好关系能够完全替代的,友情在青少年成长的过程中,是非常重要的营养元素。

"青梅竹马"本就是可遇不可求的缘分,尤其独生子女,欠缺了手足之情,往往会以伙伴之间的友情替代。然而就像青源爸爸所说,毕竟没有血缘,就不是真正的兄弟姐妹,遇到了挫折或者外力打击,关系自然容易断裂。所以作为父母,要引导孩子珍惜友谊,学会宽容。

不要总是拿自己的孩子和别的孩子比较

比较是认识事物的客观方法,但是很多父母在评价孩子的时候,经常将比较用作攀比,这是一种不健康的心态,催生的自然是糟糕的结果。

将自己的孩子与别人比较,一个非常普遍且很愚蠢的做法,例如经常性地和亲戚、朋友家的孩子比来比去。如果能够引导孩子向他人学习优点还算好,但更多的时候父母只是看中结果的好与不好,并不关心过程,更别说个体差异。

对于孩子们而言,"别人家的孩子"更像一种魔咒,如果这个孩子自己还很熟悉,那简直就是灾难。

放大学习成绩的意义,可能带来太多损伤

青源与梅儿这样的关系,在同龄人中非常少见,难得的共同成长的机会,难得的性情互补、志趣相投。不曾想会被两个家庭联合棒打,出现那么多的变故,仔细想来不过是学习成绩惹的祸端。

过于在意孩子的学习成绩,朋友之间也常常暗自比较孩子成绩的高低,考得好的洋洋自得,满心欢喜;考得不好就自惭形秽,埋怨孩子,找各种莫须有的理由横加指责或者粗暴干涉。

成年人之间的关系也会受孩子的学习成绩影响导致触礁甚至翻船,殊不知这样做,一方面绝对是给孩子帮倒忙,另一方面也在给孩子做糟糕的示范。在虚荣与功利面前,美好消亡,诚心不再。如此的价值观、人生观甚至世界观的传承,孩子的未来哪里会有幸福可言?

怎样拥有真正的幸福感

幸福感的基础是被爱和被需要,是拥有与人友好相处的能力,是拥有可以完全信任的亲密关系。对于被世俗沾染过多的成年人而言,青源与梅儿这样对亲密友人不离不弃、诚挚相待的孩子,其实是很值得学习的榜样。

故事三
六个房间

丰禾的长相和气质都很像个小王子，白皙、文弱、安静、内敛，也过着小王子一样优渥的生活。一次主题班会，讨论影响学习的因素，他说"固定的学习场所"不适合自己，他有六个用来学习的房间，换来换去才行。这之后他瞬间成为口口相传的"土豪"，流言漫天，内向懦弱的他陷入"口水危机"，无力辩白。

1. "小王子"变"土豪"

那年夏天，暑热来得早，孩子们来上期末最后一堂成长活动课，冲到五楼活动中心的教室已是满头汗水，怕他们进入温差太大的环境会着凉，冷气开得不是很足。跑得飞快最早抵达的男孩子们会央求温度再降低些，每次看着他们生龙活虎的样子我都不禁笑逐颜开。

见我笑而不动，一个比较调皮的孩子忽然想起什么，故作神秘又唯恐大家听不到地说："老师您必须要让教室凉快点儿，否则'土豪'驾到会不爽的！"

周围的几个孩子貌似受了启发，纷纷应和，说什么"最好准备六个不同温度的教室才行"。孩子们经常会说一些莫名其妙的话,一定是和最近热议的事件有关,不知道这次唱的是哪一出。听着他们七嘴八舌打趣,我无须追问,有人会自动解释的。

这时候,我发现他们班最瘦小的男孩儿丰禾呆呆地立在教室门口,看样子站了有一会儿了,脸上的表情很烦闷,一副进退两难的样子。我恍然明白,看来这个"新晋典故"的核心人物就是他。

"看吧,我就说吧,'土豪'不满意了,都不肯进来呢!"调皮蛋阴阳怪气地说。

丰禾的脸上快挂不住了,不管究竟是怎么一回事,我得先帮丰禾解围,于是我招呼孩子们坐好准备上课,"再乱讲话干脆关掉空调喽!"这个威慑很管用,教室里立刻清静了下来。

丰禾身形瘦小,长相精致,刚开学时我还以为他是个女孩子,他们班有几个男生会时不时打趣他。这孩子是典型的"文弱书生","战斗力"明显欠缺,常常无言以对,心直口快的女孩子会时不时助他反击,我也偶尔帮一下忙。

虽然是话不多的孩子,显得胆小懦弱,但是之前活动课上也都轻松自在,可是那天的课堂中他一句话都没有说,低着头,要么翻动书页,要么摆弄笔,本来就是肤色如雪,那一刻就更显得苍白了。

下课了,孩子们又挤挤挨挨、热热闹闹地往教室外面走,路过讲台时以各种方式和我告别。我一边应和着他们,一边瞄着呆坐在教室角落里一动不动的丰禾。课代表是个女孩儿,刚好与他同组,她叫了他一声,他抬起头看看周围,面无表情,眼神茫然,转身从教室后门走了出去。

课代表转头看向我,我示意她走过来,问她:"丰禾出了什么状况?"

"丰禾这样有一阵儿了,因为您出差,有一段时间没上活动课,所以您不知道。"

大概三周前,月考后班里开了一次如何提升学习效果的主题班会课,丰禾成绩很好,主持人请他发言。他说好的学习方法因人而异,比如"要有固定的学习场所"对自己就不适合,因为自己无法待在固定的地点学习。同学开玩笑问他有几个书房,他认真回答说有六个房间,每一门学科的作业差不多都要到特定房间去写,否则就写不下去。

虽然丰禾说"好的学习方法因人而异"是对的,但是大家只关注他竟然有六个房间用来学习,当时班里就炸了,同学们那个兴奋劲儿,班主任都压不住,原本丰禾的绰号是"小王子",当时立刻就被改为"土豪"了。没想到这个新闻那么有卖点,迅速在学校传播,还有同学建了"打土豪"主题贴吧,反正折腾得很热闹。

有很多外班,甚至外校同学跟着起哄,特意跑来问丰禾是不是真的。丰禾开始只是很无奈,后来越来越生气,有一次因为班里同学喊他"土豪"发了很大的脾气,结果不但没起遏制作用,还被同学奚落有钱人脾气大什么的,反而激化了矛盾。从那以后丰禾就越来越沉默,谁也不理睬,连老师提醒他好好听课都不理,问题越来越大。

了解到这些信息,感觉丰禾的状态需要主动干预,不过先要确定他是否愿意见我,于是我写了一张字条,让课代表带给他,大致意思是感觉到他不开心,很担心,希望他愿意跟我谈谈,并留下联系方式。当天晚上我收到了丰禾的短信,说要预约一个会谈时间。

2."土豪"绰号与旧伤疤

丰禾来的那天气温依然很高,孩子鼻梁上出了一层细汗。虽然穿着显得宽大的校服,但是因为从头到脚的整洁熨帖,还有散发出来的清爽气息,加上被眼角眉梢明显的压抑和忧愁增强了的恬淡气质,他真的很像一个忧郁的小王子。

我递给他纸巾擦汗,说:"丰禾,我出差了,好久不见。"

他接过纸巾,低声说:"谢谢老师。"

"上课时我发现你很不开心,本想下课时问问,但是你走得匆忙,我只好拜托课代表邀请你来。" 丰禾原本和我比较熟稔,之前见面都会笑着问候,所以我跟他说话比较直接。

"其实前几天我来找过您,但是没有找到,下课时本来想和您说说话,怕又招来同学的一堆闲话,就走掉了。看到您的字条我很开心,谢谢老师。"

"究竟发生了什么事情?对你影响好像很大。"

丰禾先是跟我描述了那次班会课,和课代表说的基本一致。

"我没有任何炫富的意思,就是实话实说,没想到同学们那么大惊小怪,而且揪着不放,没完没了,非常讨厌。"他越说越生气,"后来还传出各种谣言,什么有六个房间学习,每个房间里都有一个老师,所以成绩才好。校园贴吧里还专门有一个'打土豪'的口水贴,什么乱七八糟的话都有,还有配图和照片,包括接我的汽车和司机,球鞋、书包、文具什么的。本来我很少进贴吧,也不知道怎么回事,明知道看了会生气,可我不自觉地还要进去看看。"

网络时代,信息传播速度太快,为了吸引关注,"键盘侠"们随意添加信息、用词恶毒,恶意不断叠加,处在言论中心的人压力会越来越大。

"这样啊,那你的压力太大了,自己应付不来吧?想过什么办法吗?"

他深深叹了口气,眉头拧到一起,说:"从上次班会课到现在,就没有安心学习过,很想不理睬谣言和挑衅,但是我做不到。就逐渐导致作业完不成,听课也受影响,班主任找我谈话,说不用理睬别人胡说八道,而且提醒我以后说话要注意一些,别给自己惹麻烦。从那以后我就不想再和班主任说什么了。后来我情绪越来越不好,睡眠和饮食也变差了,好像得了抑郁症。"

"丰禾,这件事情最令你反感的是什么?"

他想了想,说:"我不愿意像目前这样成为'焦点人物',而且还是被耻笑的对象。"说着说着,他眼圈开始泛红。待他平复一下情绪,我问:"你之前有没有被取笑过呢?"

"当然有啊!从记事起就有!还有过很糟糕的经历。"他仰起头,一脸无奈,"我一直是个安静的小孩儿,从不想惹事,可是就算这样还是会遇到麻烦。"

"哦,可以跟我说说吗?"

他想了想，点点头说："老有人说我不像男生，小时候也因为身材瘦小常常被欺负。上小学后因为成绩好，老师很喜欢我，就好多了。像'禾妞儿''大小姐''娘精'什么的，从来没断过，'小王子'的绰号还算好听的。"

"'土豪'这个称号，已经不是针对你的仪表和个性特点了，不过你好像特别不喜欢，不知道我的感觉对不对。"

丰禾轻轻点头，有些恍惚，似乎陷入了回忆中。

丰禾初中时起先就读于一所条件非常好的寄宿学校，同学们大多家境富裕，"土豪"在班里是褒义词，谁有钱、出手阔绰，谁就有面子。这里有很多游手好闲的孩子经常违反纪律，惹是生非。

丰禾爱读书、成绩好，不太合群，常被班里调皮的同学奚落。考试的时候他的人气很旺，不学习的孩子先是出钱收买，让他给答案，被丰禾拒绝后就转而威胁他。丰禾虽然胆小，但是能够坚持立场，告诉老师出面阻止。从那件事情之后，几个调皮的孩子就不停地找丰禾的麻烦，方法层出不穷，后来丰禾不胜其扰，转学到公立学校，比较平静地读完初中，考上了重点高中。

"寄宿学校的那段生活，就是你说的'很糟糕的经历'吗？"

他点点头。

"因为让你想起了从前，所以很讨厌'土豪'这个绰号？"

"是的，老师，我以为已经都忘记了，其实没有。"

丰禾说起寄宿学校的生活时，并没有详述细节，但是从他苍白的脸颊、紧皱的眉头、紧握的十指以及不平稳的语气中，能够感受到当时的他受到的伤害应该非常大。

这样可以解释为什么这次的"六个房间"事件中，同学们多是出于找乐子和起哄，虽然算不上善意，但是也没有明显的恶意。而丰禾的反应却如此强烈，根源是揭开了封存许久的伤疤。

我和丰禾一起分析两起事件之间的相关，引导他认识到"六个房间"事件没有那么难以应对。因为初中的那段伤害更严重且没有得到妥善处理，两件事的糟糕感受叠加，才令他反应过于激烈。

对于这类流言，当事人反应越激烈，越会起到强化的效果，反而提升了传播的热度，扩大了流传的广度，然后会不断增加新的兴奋点，所以冷处理反而更好。

而情绪低落、学习状态不好都是正常的应激反应，并不是得了抑郁症。

3."六个房间"背后的秘密

我有一个明显的疑惑，丰禾在讲述自己过往的生活和遇到的难题时，没有提到父母。

澄清了问题之后，丰禾的情绪明显好转，眉头舒展开来，眼神也恢复了一些神采。

我好奇地问他："你真有六个房间学习吗？那得是多大的房子啊。"

"也没有多大，两百多平方米的三层别墅，除了保姆的卧室之外，

故事三
六个房间

其他房间都可以用。"

"家人的房间你也都用来学习吗？"

"反正绝大多数时间只有我自己在家，当然可以随意使用，卧室、书房加客厅，正好六个房间。"

我迟疑了一下，问道："我感觉你被照顾得很好，难道不是妈妈照顾着吗？"

他看着我，抽抽鼻子，摇摇头说："家里的事都是保姆在做，我的事情都是自己做，不仅仅是初中，小学时也读过一阵寄宿学校，所以自己会照顾自己。如果不是我很排斥，估计高中也会去读寄宿学校。"他的语气虽然平缓，但是难以掩饰脸上落寞的神情。

"你愿意跟我聊聊家里的事情吗？"

他沉吟了一会儿，说："好吧，我从不和别人说这些，不过也不是因为有什么秘密，就是懒得说。"

丰禾父母一直经商，非常繁忙，他小时候在乡下的奶奶家住过一段，妈妈听着他一口流利的家乡话受不了，就接到了身边，但是因为工作实在太忙，所以要么把他放到能够辅导功课的老师家里寄养，要么请人到家里帮忙带。

小时候，妈妈总说只要他听话，就会接他回家或者找时间陪他玩儿，丰禾本性乖巧，尽管妈妈经常说话不算数。爸爸就更忙了，难得见一面，他总是给丰禾买一大堆玩具，还说丰禾太瘦，于是给丰禾买了最好的足球和篮球，可是没有爸爸带着，跟谁玩儿呢。

这样的生活持续了很久，妈妈常说生意再忙一忙就不做了，回来陪丰禾，但是直到现在都在忙。爸妈在哪里、忙什么，丰禾都不感兴趣。听着丰禾低低的絮语，我心中一阵酸楚。

辅导室里只听到电子钟轻轻的响动，丰禾坐在沙发里，低头翻动着自己的双手。

我回过神来，轻轻拍拍他蓬松的头发，问道："遇到像这次一样的难题，会和爸爸妈妈说吗？"

他抬起头，晶亮的眼睛看向我，笑了一下，说："老师别担心，我早都习惯了。早年遇到委屈的事情会和爸爸妈妈讲，但是他们大多都只是简单鼓励几句，爸爸总说男子汉自己的问题要自己解决。"

丰禾凭借自己的经验，就是不惹事，尽量减少麻烦，好好读书，因为成绩好可以得到老师的帮助。寄宿学校那次事情太大了，自己应付不来，才屡次找妈妈说要转学。起初父母不答应，因为那所学校条件很好，更主要的是他们不用担心丰禾没人照管。后来丰禾大病了一场，本来就瘦小的他又缩了一圈，父母才把他转到公立学校。这次的"土豪"事件，丰禾根本就没和他们说。

丰禾说话的时候，总是不自觉地低头抠指甲。我探过身去拿起丰禾的手仔细查看，他的指甲秃秃的，还轻微变形。我皱皱眉头，抬头看他。

丰禾咧开嘴轻笑，露出白白的牙齿，有点儿不好意思，说："我知道这是个坏毛病，不过改不了。"随后他又赶紧解释说，"并不是很严重，只是比较放松的时候会抠指甲。"

看着我疑惑的眼神，他又补充说："是比较无聊的，放松的时候。"

看着他有点慌神的脸孔，我不自觉笑了出来："我并没有指责和批评你的意思，只不过抠指甲很影响形象，还是要尽量控制，你可以试着有意识地找些别的事情做，减少闲待着的时间。"

"你闲着的时候，除了抠手指，还会干些什么？"

他想了一会儿，眼睛不停地转动，看起来像是在纠结说还是不说，最后下定决心，说："那就告诉您一个人，不过您可能会觉得我不太正常。"

"是吗？那说说看。"

"您知道我为啥换房间做功课吗？是因为我觉得每个房间都有一个可以讨论功课的看不见的人。我总是一边写作业一边和他们讨论，这样注意力很容易集中。这个我可没跟同学们讲过，否则绰号就会是'土豪精神病'了。"

丰禾神秘兮兮地说着有点儿灵异的事情，之后又是万幸的神情和语气，我没觉得他不正常，也不觉得有趣，只是感觉心酸，这个孩子该有多寂寞。

"你这个习惯家里人没发现吗？"

"有一次声音大些，被保姆听到了，当时她的眼神真的像撞见了鬼，很好笑。应该是保姆跟他们汇报了什么，很快妈妈就回来了，拐弯抹角地问了我一大堆问题。她这样还不如干脆直接问呢，我懒得解释，就随便搪塞了一下。妈妈很罕见地在家里住了一段时间，偶尔我能闻到香火的味道，不知道她干了啥，过了几天因为公司的事情，就又出差了。"

"你很希望妈妈回来看你吧？"

"嗯，以前是。早知道这样做妈妈就会回来，小时候就用了。可惜现在我已经习惯自己待着了，他们回来我反而不舒服。"男孩儿的眼睛里分明写着隔绝和落寞。

"你知道那些和你讨论问题的声音是自己想出来的吗？"

"知道啊，那些人是我想出来的，不过想得太具体，连长相、年龄、性别以及声音都很清楚，以至于自己时不时也会分不清这些人是否真的存在。"

丰禾的问题看似简单，其实存在很多隐忧，不能草草了事。

4. 启动亲情的力量

丰禾的问题不仅仅是如何应对"拥有六个房间的土豪"这个事件，这个孩子的生活状态必须及时调整，否则积累的负面情绪越来越多，会引发真正严重的心理障碍。

与突然发生的比较大的压力事件相比，长久的低水平的压力环境对个体的伤害会更深。丰禾的性情本来敏感、内敛、隐忍，还严重缺乏父母的照看和陪伴，维持到目前的状态已经不易，但青春期后半程心理成长速度会更快，变化更剧烈，风险也就更大。

我对丰禾讲明，应对"土豪"流言并不难，我更担心的是他积累的负面情绪太多，完成高中学业以及走进大学后的成年生活，都很可能因此而困难重重。父母至亲一直是值得信赖的成长和生活的盟友，不能浪费这个资源。出于这一点考虑，我想约谈一下丰禾的妈妈或者爸爸，希望他能够同意。

得到丰禾的允许后,我约见他的家长。大概一周后,我见到了丰禾的妈妈。接到班主任的电话后,她从外地赶回来,然后从机场直接来到学校,妆容精致的脸也难掩风尘仆仆和焦虑不安。丰禾的妈妈身材娇小,儿子和她长得很像。多年东奔西走、工作繁忙催生了皱纹,再加上担心孩子,更显得沧桑疲惫。

她还没坐定就紧张地问:"老师,孩子是不是出什么问题了?之前我也发现一些不对劲儿的地方,不过观察了一下看没有什么影响,也就没在意。班主任打来电话,我非常紧张,生怕出了什么大事。"

我安抚了一下她的情绪,开始介绍丰禾目前的状况,告诉她孩子并非已经出现明显的心理障碍,但是如果不干预、不调整和改变,迟早会有问题。这次的"土豪"风波很有意义,否则还不知道孩子成长过程中累积的伤害究竟产生了多少负面影响。

"我的确是没有尽到做妈妈的责任。"丰禾妈妈的眼角渗出泪水,伴随孩子长大的,是父母整个创业的过程。

丰禾的父母多年来忙于生意,身不由己,虽然很爱儿子,可是分身乏术。妈妈总想不干了,撤回来陪孩子,可是每到要回家,公司就出状况,就这样孩子都长大了,自己还在奔忙。

丰禾从小就乖巧懂事,放到哪里都听话,学习也认真,基本不用父母操心,比周围很多有父母照顾的孩子还要好很多。他们总是因此而庆幸,这也是他们不停推迟回家照顾孩子的理由,现在想来真是自私。

"我这次回来前就和丰禾爸爸说好了,无论如何,我也要回家照看儿子。或者就算离不开公司,也要走到哪里就把孩子带到哪里,再不留他一个人待在家里了。"

"走到哪里就带到哪里吗？毕竟是16岁的孩子，不是说带走就能带走的。再说读书阶段，安稳很重要，频繁更换生活和学习环境不是明智之举，更何况事实上丰禾并不是适应能力很强，而是习惯了自我压抑。"

"哦哦，好的，我一定仔细想想，怎么对孩子好就怎么做。"丰禾妈妈认真地承诺。

我和丰禾妈妈约定好，至少近期要陪伴孩子，虽然丰禾独处久了，对妈妈回来不一定会适应和欢迎，但是母爱的力量非凡，只要坚持陪在孩子身边，慢慢会有改观的。

要尊重孩子的意愿，他愿意还像以前一样穿梭在各个房间学习，就由着他，自言自语的时候也不用干涉。照顾好饮食起居，尽量延长和孩子相处的时间，慢慢地他会用和妈妈交流代替同想象出来的人说话。

此外，我和丰禾约定每周约谈一次，主要帮助他应对"土豪"风波，同时处理之前成长过程中累积的那些问题。

丰禾从来没有如此频繁地与他人交流过，我能感觉到孩子很愿意有人耐心地听他讲话并给他建议，他提到妈妈的次数也越来越多。

有一天，他告诉我："和妈妈待在书房里，妈妈看书我写作业，我竟然忘记了换房间就全写完了！"

我问他："在书房做功课和分科去不同的房间比，哪种更好些？"

他抓抓头，说："各有各的好处，不过不换地方好像更节省时间吧！"说完他开心一笑。

我忍不住又拍拍他的头："妈妈做的饭好吃吗？"

"嗯，还行吧！她很少做饭，没有保姆的厨艺好。"

"那也要多吃些，吃妈妈做的饭会长个子，也会变健壮，还会变成一个超级大帅哥！"我和他开玩笑，丰禾却用力地点点头。

后来丰禾的妈妈绝大多数时间都留在家里，一边工作一边照顾和陪伴孩子，等丰禾考上南方一所很好的大学后，爸爸公司的业务也基本转向了那里，于是就举家搬迁了。

丰禾离开前来看我，虽然个子没长多高，但是健壮了很多，一看就是个俊俏的小伙子，不会再被看成女孩儿了。他打趣说："老师，我个子还是不够高，您别失望，我妈说去南方生活，就不显得矮了！"这话逗得我直乐。丰禾有如此轻松自在的状态，还有父母在身边，我不用再担心他以后的生活。

5. 写在后面

最好的爱莫过于陪伴

其实这是很多人都知道的道理，但是真的执行起来，却是需要十几年如一日的坚持，能够真正做到并不容易。

可能因为工作繁忙，可能因为情感和生活的负累，也可能因为自己需要自由自在的生活空间，于是很多父母都忽略了自己应尽的责任。

成年人的世界势必纷繁复杂，人在江湖身不由己的状态比比皆是，实在无法照顾孩子而把孩子放到祖父母身边寄托养育或是放在寄宿学校，也是不得已的方法。但需要父母们注意的是，绝对不能完全放手。

养而不陪、不育、不教，是非常严重的失职。

越是敏感的人，越需要亲情的支撑

类似丰禾这样的孩子，是与生俱来的敏感与隐忍，唯有讨好他人才能获得关注。于是他表现出来的是让人省心，很好养，放到哪里长大都行。殊不知潜藏的成长暗流才最为致命，而且往往显现出来时便是无法逆转的大障碍、大损伤，相关的新闻报道并不鲜见。

无论孩子在谁的身边，在哪种类型的学校，父母对孩子的身心状态和学习生活都必须了如指掌。孩子遇到难以解决的问题首先想到向父母求助，就说明亲子关系是通畅无阻的。如果孩子不与父母交流自己的生活和学习，家长就要警醒，是不是自己疏忽了孩子的成长。

陪伴更重要的是精神层面

所谓"父母的陪伴"，并非只强调形式上的共同生活、不离身侧，更强调的是心灵和精神的陪伴。

年幼的孩子依偎在父母身边就会获得足够的安全感，而随着年龄增长，内心的亲密联接和彼此的信任会越来越重要。如果父母处理得当，即使远隔千山重洋，孩子一样可以感受到父母的支持和鼓励。

对于缺乏父母陪伴的孩子，除了鼓励他们勇敢独立之外，在孩子遇到难以应付的事情的时候，父母必须充分理解并鼎力相助。

成长必须付出代价，但是伤口需要及时缝合、消炎才能更快结痂、痊愈。否则伤口太多，会大大降低自愈的能力，而且还会成为成长道路中的隐患。

给蹒跚学步的孩子一个可以借力的手臂，不是怕他们跌倒，而是给他们摔倒后能够爬起来的勇气。给成长道路上的孩子倾听的耳朵和关注的目光，不是为他们挡住困难和伤害，而是为了照亮他们前行的路。

如何改变"讨好型"人格

那些已经在讨好他人的过程中长大的人，就要从此刻开始停止讨好与过分顺从。不要害怕所谓的"得罪"，要更加尊重自己的内心需求，尝试拒绝、敢于表达、敢于借助外力来疗愈自己。弥补自己的创伤，什么时候开始都不算晚。

故事四
迟来的"中二病"

小童聪明伶俐，在同届的孩子中年龄算很小的，但是各方面表现都很好，成绩也一直不错。初中的时候，班里很多孩子青春期逆反，他依然心平气和，很听老师和家长的话，并顺利升入区域内最好的高中，是大家交口称赞的好孩子。没想到高一下学期开始出现越来越多的"中二病"症状，自以为是、以自我为中心、上课睡觉、逃课、不参加考试、玩游戏，还时常情绪失控，这可愁坏了家人。

1. 被拖进辅导室的孩子

小童来到辅导中心的方式有点儿激烈，他并不是自愿的，而是被妈妈拖上楼的。

那天中午没有预约个别辅导，因为要跟社团的孩子们讨论五月底心育节的活动方案，大家正说得热闹，忽然听到楼梯间传来争执的声音，但听不太清。我让孩子们继续讨论，然后赶紧走出去看看怎么了。

我走下了一层楼梯，看到一个中年大姐死拽着一个男孩儿往楼

故事四
迟来的"中二病"

上拉扯，孩子比较瘦弱，不停地挣扎，但就是挣不脱，嚷嚷着手疼，似乎还说着什么，叽里咕噜的听不清楚。

见到我走下来，孩子不挣扎了，小声说了句："老师。"

端详了一下孩子，有些面熟，虽然记不清楚是哪个班的，但从校服看是高一的学生。

"这是怎么的啦？"

一旁愣神儿的大姐反应过来，说："我是他的妈妈，来找心理老师。"

看这阵势，应该是不小的问题，我请他们进入辅导室，嘱咐好开会的孩子们后，赶紧过来了解一下到底是怎么一回事。

坐在辅导室的沙发上，妈妈还是攥住孩子的手不放，生怕他逃走了似的。看着孩子泛红的手腕，我说："看得出来是妈妈让你来找我，但是你并不想来。那既然来了，能不能答应老师乖乖坐着不跑？"他点点头，我示意妈妈放手，这样两个人都能坐得舒服些。

妈妈身形偏胖，听口音是外地人，看着年纪也不小了，和孩子拉扯着上楼累坏了，虽然五月初气温还不高，却出了一头汗。我赶紧给妈妈拿纸巾，并倒了杯水，让她稍稍平息一下。妈妈有些紧张，赶紧站起来感谢，不小心碰洒了一些水，孩子看过来，一脸厌烦和恼怒。

男孩儿挤在沙发角落里，尽量远离妈妈，身体蜷缩着，像受气包一样，可怜又好笑。

我问他："你也一头汗，渴不渴？"他依然是皱巴巴的脸，脑袋紧摇。

我请妈妈坐好，简单收拾了一下，笑着说："没关系，每天都有孩子过来，时不时也会有家长来，不要客气。"

我问孩子："很抱歉啊，你们年级近千的孩子，我没记清楚你是哪个班的，叫什么名字。对了，我想起来了，你是实验班的吧？"

孩子低声说："嗯，我是一班的，小童。"

妈妈赶紧插话："你怎么不好好回答老师的问话，声音大些，应该说全名！"

"哦，你是小童。"随后我转向小童的妈妈说，"没关系的，学校里老师、孩子之间是这么叫的，很亲切。"小童翻了妈妈一眼，扭身看向窗外。

之前班主任和我说过这个孩子，班里年纪最小的"小豆子"叫小童，是个很聪明的小男孩儿，比较内向，很听话，班里同学也都拿他当小弟弟。刚升入高中的前两个月挺好，成绩是中等，之后慢慢开始不好好学习了，听课、完成作业都有问题，老师说找他谈话态度倒是挺好，也不顶嘴，但是没什么作用。

后来中午也会跑去网吧玩儿，还时不时迟到，到学期期末时成绩明显下降。下学期开学后更严重了，很逆反，不仅上课睡觉，还逃课、不参加考试，并且玩游戏上瘾，好像只要是老师和家长要求做的就都反着来。让他过来找我接受心理辅导，他答应得很好，半路就跑出去玩儿了，所以这学期的活动课没怎么见到他，这次是被妈妈强逼着来的。

可以明显感觉到他们母子之间关系紧张，尤其是小童，很抵触妈妈，不耐烦和气愤统统写在脸上，于是我先问小童："小童，你愿意告诉我发生什么事情了吗？"他转头看看我，又没好气地转向窗外，没说话。

妈妈见状又着急了，说："老师问话也不答，太没礼貌了！"

小童头也不回地顶撞："本来也不是我要来的，谁要来谁说！"

妈妈一脸的生气和无奈，还站了起来，我赶紧示意妈妈坐下，然后继续问小童："那我请妈妈讲一下情况可以吗？"

他从鼻子里哼气，嘟囔了一句："想说就说呗。"

见他同意妈妈先说，我便转向妈妈说："别急，您喝口水慢慢讲。"

妈妈这才把眼光从儿子身上转开，面向我，深深叹了口气，说："能不急吗，您也看到了，孩子太不听话了。"

小童忽然生硬地插了一句："你普通话说那么差，谁听得懂！"

妈妈一愣，瞬间闪过尴尬和抱歉的神情。

"没关系，您慢一点儿说我就听得懂，可以先大概介绍一下主要情况。"我微笑着对妈妈讲。

2. 孩子不听话是得了"精神病"吗

得到鼓励的妈妈安心了一些，开始介绍情况。小童的老家在山西，初二时转学到天津，本来上学就早了一年，小学又跳了一级，所以年纪比较小。小时候很乖巧听话，长得也很可爱，说着，我和妈妈不约而同地看向小童。

我仔细端详，孩子唇红齿白，皮肤光洁，头发浓密微卷，鼻梁挺直，眼睛大而黑亮，嘴巴不满意地嘟着，隐约可见绒毛一样的小胡子。现在都很漂亮，小时候一定更可爱。我笑着点头，肯定妈妈的说法。

那一刻，妈妈眼神中盛满笑意地看着儿子，是慈母才有的目光。可是小伙子无动于衷，毫不理睬，只是撇撇嘴巴、皱皱眉头，下巴上提了一下，一脸的执拗。妈妈的脸色立刻暗淡了，叹了口气，说："可现在就是这个样子，一点儿也不听话，不知道中了什么邪，变得都快不认识了。"语气中充满愤懑。

听到妈妈的责备，小童忽然站了起来，大声对妈妈说："我就是这个样子！你就知道唠叨，反正你说以前好我也回不去，你觉得现在姐姐的样子好，可是我做不到，所以你就别管了！"小童言辞激烈地像个愤怒的小兽。

妈妈赶忙站起来，冲到辅导室门口，应该是怕小童跑出去。出现这种情形是意料之中，双方冲突太剧烈，需要先分开处理，这是让母子分开谈的最佳时机，于是我走过去站在母子两人中间，沉吟了一下，问小童："你想不想先去上课，我先和你妈妈聊聊？"他用力点头。

"不过要保证回到教室，然后明天中午过来找我。"我扶着他的肩膀，看着他的眼睛，认真等他回答。

小童安静了一些，看了看我，说："好，我妈是该被辅导一下。"

妈妈一脸不放心，说："放他走就不知道跑哪里去了，也不一定再来。"

我同时对着母子俩说："小童是男子汉，说话会算话。"边说边征询地看向小童,他不屑地看了妈妈一眼,对着我点了点头。

小童跑出门去,妈妈无意识地追了几步。我边请她坐回沙发边说:"这孩子很逆反,尤其是对您,因为您说他不会再来,那他应该会来的。"听了我的话,妈妈觉得有道理,明显踏实了一些。

经过之前的一番折腾,妈妈明显疲惫,鬓边的白发飘散在脸颊。她整理了一下,轻咳几声,低声说:"孩子太不省心了……"话音未止,眼泪滑落。

我一边递纸巾过去,一边说:"孩子长大的过程难免出点儿问题,为人父母,心总是要悬着的,看您的年纪,小童生得比较晚吧,不知道我有没有看错。"

妈妈擦拭着眼泪点头说:"没错,我三十几岁才生的小童,我还有个大女儿,已经读大学了。"

小童妈妈说自己在老家的乡下当了很多年的小学老师,孩子们先后转学过来读书,自己才不得已请了长假,变成专职妈妈。女儿转过来得早,是特别懂事的孩子,托付给亲戚照顾一下,很顺利地就完成了学业,也是这所学校毕业的,还考上了一所很有名的大学。小童出生得晚,所以有点儿娇惯。他过来读书那一年正好姐姐读高三,家里人尤其是长辈们说什么也要让小童妈妈过来照看孩子。

小童从出生起就很可爱,长得周正漂亮,又聪明,只是身体弱了一些。妈妈从没有离开过小童,上班都带着,所以他是在校园里长大的孩子,听话、懂礼貌,学校的同事们都特别喜欢他。因为总在教室里待着,很早便学会写字和算术,所以就早上了一年学。后来功课越来越好,又跳了一级。周围的人都说小童是个神童,很给家人争面子。

爸爸一直在远洋轮船上工作,孩子们的户口都跟着爸爸落在直辖市,小学可以在老家读,中学就要过来上,然后参加高考。小童刚转过来时进的是一所边远初中,学习环境比较差,孩子一开始不适应,回家后总跟妈妈闹着要回老家。妈妈不停地安抚,加上姐姐也鼓励他要挑战自己,在不好的环境中保持成绩优异才是真本领。小童小时候很听姐姐的话,因此一门心思学习,成绩遥遥领先。

问到初中时小童有没有经历过什么不开心的事情,妈妈想了想说应该没有,儿子小时候很开朗,和妈妈很亲,每天在自己身边叽叽呱呱说个不停。初中后不如之前活泼,应该是长大了,没有特别在意。反正中考他不仅考上了重点高中,还进了重点班,是那所初中历史上考得最好的学生,因此得到了奖励。说着这些往事,妈妈的自豪感溢于言表。

小童考上重点高中全家都很高兴,刚好他的班主任之前是他姐姐的老师,家里人就更放心了。想不到学习条件好了,小童倒不好好学习了。上学期期中考试后,因为不好好听课、不认真写作业、迟到等问题,被班主任请了家长。两个孩子长这么大,还没有被请过家长,妈妈觉得很丢人,也非常生气,回家后把小童打了一顿。

小童从来没挨过打,当时就哭了,还跑出了家门,好在爸爸休假在家,赶紧去把孩子追了回来。小童因为这件事很久不理妈妈,之后情绪越来越容易波动,脾气古怪,多说几句就跑出去,爸爸就跟着,再把他带回来。三天两头不去上学,成绩当然越来越差,期末他干脆不去考试,软硬不吃。

故事四
迟来的"中二病"

转眼放寒假了,姐姐回来和小童聊天,他也不说话。之前他和姐姐特别亲,但现在不知道什么原因他连姐姐也不理睬了,他像装满了火药一样,说不定哪句话不爱听就炸了。原本假期要给他补课,看到这种状态,家里人商量后把他带回了老家,看看换个环境会不会好一些。

回到家乡,小童不再像从前那样去找玩儿得好的伙伴,总是自己四处晃悠。一天舅舅跑来跟妈妈说小童好像不正常,在野地里乱转,还大声说着什么,很古怪,要不要去看看大夫。小童妈妈听了很紧张,之前也想过孩子是不是得什么病了,于是赶紧带他去了县城的精神病院。

听到这里,我有些吃惊,问小童妈妈:"精神病医院啊,孩子是否愿意去呢?"

她说:"反正让他去就去了,大夫一通问话、检查,说小童很可能有精神问题,有时会过于激动,然后给开了点儿药。小童吃了药以后就是爱睡觉,那些药吃完我们就从老家回来了,也没再去医院看。"妈妈说到这里,显得愁苦而慌乱,说,"我没跟班主任说过这些,怕孩子受歧视,您说小童是真的得了精神病吗?"

"孩子是不是精神疾病,不能那么轻易下结论,我先和他谈谈,再了解些情况,如果感觉问题严重,会转介给心理医生进行检查和诊断。"

小童比同龄的孩子小两岁,目前的情绪和行为问题也许和青春期成长发育有关,需要一点点走进小童的内心才行。于是我嘱咐小童妈妈:"别老是数落孩子,他明显排斥您的话,索性您就少说,

183

等了解了具体情况后我再给您建议。"

小童妈妈比较好沟通,她答应多些耐心,静观一段时间。

3. 我是不是真有病啊

第二天中午,小童早早来到辅导中心,站在办公桌旁,黑眼睛定定地看着我,不说话。

这孩子个头不矮,但骨骼还没长开,五官充满娃娃气,看起来他应该是在等我表扬呢。我站起身拍拍他的肩膀,满脸笑容,声音愉快地说:"小童这么早就来了,真是说话算话!"

他的黑眼睛里闪过一丝满意,脸上露出小得意。因为距离约定的时间还有一会儿,于是我请他等一会儿,因为我手头还有工作要处理。

进入辅导室时,我看到小童拿了几本杂志,正在聚精会神地看,于是我随口问他:"你喜欢读什么类型的文章和书籍呢?"

"我什么书都能看,尤其喜爱科技类型的杂志和科幻小说。"

"你玩儿的游戏是否也和阅读偏好有关?"

"是的啊,我可不是乱玩,也不像老师家长说的有网瘾。我觉得将知识、能力和创造力融合得很好的游戏像艺术品一样有魅力,如果我以后能做游戏就好了!"

"看来你对游戏很有研究啊,研究多久了?"

"也没多久,初中的时候光读书了,反正不喜欢那时候的同学,对他们谈论的东西都不感兴趣。高中后班里懂游戏的同学太多了,我像个傻瓜一样,不过经过一段时间的研究练习,我的水平也不低了!"小得意又跃上眼角眉梢,细瘦的腿还美美地抖啊抖的。我笑着拍拍他的肩,点头表示肯定。

顺着小童的话,我说:"那你经常迟到、逃课,是因为练习游戏去了吗?"

听到我的话,他不笑也不抖了,抬头看看我的脸色,见我温和如初,僵直了的身体又放松了一些,然后摸着自己的头说:"我还以为又要挨训了呢。"

"你总挨训吗?"

"是啊,从小到大没挨过批评,上高中后一下子全都补上了。"

"那你为啥挨训呢?谁训你呢?"

他皱着眉,一脸疑惑,说:"难道您不知道吗?我妈没说吗?"

"昨天你妈妈讲了你小时候的一些事情,说初中很勤奋,一直是家人的骄傲。还有最近一段时间你不快乐,妈妈觉得帮不了你,就来拜托我。"

小童眨巴着眼睛,身子扭来又扭去,偶尔看向我,又转过头去想一想,满脸狐疑。看得我忍不住笑了起来:"我不会骗人的,妈妈真的是这样说的。"

见他安静下来,我便收起笑容,说:"我想认真地和你讨论几个问题,不知是否可以?"

他闻言坐直了身体,很庄重地点点头。我说:"首先我想要听一听,升入高中后,你对学习成绩的重要性是不是有了新看法?"

他有些意外,瞪大眼睛愣愣地看了我一会儿,说:"老师好神啊,您怎么知道我对学习成绩没那么看重了呢?"小童一直是认真学习的孩子,忽然不认真了,除了客观原因之外,一定有主观因素,所以这一点不难推测。

他说:"高中之前,我一直认为考高分特别重要,小时候是因为考得好,自己喜欢大人们也高兴。初中是因为考得好,自己不喜欢的那些同学会不高兴。升入高中后,好像就没什么理由了,同学们都挺好的,学习好也是很普遍的事情,那还非得争成绩干吗。"

"小童,你真不愧是个聪明孩子,总结得太简洁精准了。"他爱听表扬,听到我发自内心的肯定和赞美,他的脸上瞬间绽放光芒。

我问他:"即便如此,在集体里总还是需要存在感的吧?你在高中的班里靠什么得到存在感呢?"

小童抓抓头,说:"这其实是我的一个烦恼,进到理科实验班,发现同学们除了成绩好之外,很多人还博学、多才多艺,我显得很傻气。尤其是班里的男生,聊得很多的是游戏,我根本插不进去话。他们听说我不懂游戏,还不太相信。后来跟着同学们去网吧玩过两次,挺有趣,也不难,就想多玩玩,多了解一些。没想到有时候一玩就忘了时间,就迟到了。"

"玩游戏迟到,那肯定要挨老师训啊。"

"是啊,我知道自己不对,本来想着别顶嘴,承认错误就好了吧,结果老师们老拿我和我姐姐比,很讨厌。"

"老师们吗?很多人?"

"我姐姐很优秀,很多老师都认识她,他们七嘴八舌地教育我,特别烦人。回到家也是,都让我跟我姐姐学。虽然我也很喜欢姐姐,但我凭什么非得和她一样呢,我索性就不听课,不写作业!"小童语气恨恨的,一副就要对着干的神情。

"那你有没有把自己不愿意和姐姐比的想法告诉老师?"

他的头摇得像拨浪鼓,说:"那可不能说,不说话还请家长呢,说了不就更惨了。妈妈被叫来学校,也不知道老师说什么了,回家后她跟疯了似的,还打人呢。"一股脑说出来很多话,小童舒了口气。虽然脸上还是皱皱巴巴的,但是情绪还不错。

"除了学习,你和家里人有别的矛盾吗?"

"当然有啊,主要是我妈很讨厌,老拿我当小孩子,根本就不问我的想法,不停地讲大道理,我不听她就着急。以前我一直以为妈妈脾气很好,原来是假象。反正我就是不听,越说我越不听,她也没有办法。"小童气鼓鼓地说着。

"那爸爸呢?"

"我爸不爱说话,家里只有妈妈说话,有时候我顶撞妈妈,我俩就吵起来了,爸爸很着急,会说几句。"

"爸爸妈妈都说你,是不是更生气?"

"那肯定啊!谁喜欢挨训啊。哼,说急了我就跑出去,反正不听!"

"跑?离家出走吗?"我睁大眼睛看着他,但是语气很轻松。

"那倒不是,我也就是最近经常跑。再说每次我跑出去,爸爸都跟着,也不说什么,就是跟在后面。"

"你爸爸很担心你吧。"

"嗯，小时候都是妈妈管，爸爸休假回家就是干活，有时候带我出去玩儿，讲一些出海的事情。他很好，生气时不爱说话，也不打人，就是我妈太唠叨了。"小童说话时表情生动，手舞足蹈，看着也就是个初中一二年级学生的样子。其实他的年纪，正常来讲最多读初三，过早上学加上跳级，和高中生的发展水平差太多。

"对了小童，你妈妈说寒假回老家，带你看过精神科，是怎么回事，能给我讲讲吗？"

他愣了一下，然后说："哦，我妈跟你说这件事啦，其实也没啥。"

"为啥要带你去看精神科的医生呢？"

他皱皱眉，说："回到老家，人很多。总有人看着我，上网是不可能的。我很烦，不想理人，更不想学习，就四处乱转，有时候会想起游戏里的情节，嚷嚷比画一下什么的，被我舅舅看到了，他就以为我有病吧，然后我妈就带我去看病。"

"那你就去了？没跟妈妈解释一下吗？"

"反正我没去过精神病院，就去看看呗。大夫问什么也没认真想，就随口说。给开药就吃，也挺好，看了医生后妈妈就不说我了。"他笑嘻嘻的，像是全然不当一回事，这个孩子很独特。

"可是开学回来后，我还是跑去玩游戏，被妈妈发现后，又和上学期一样了，说个没完，反正大家对我都不满意。"小童的情绪变化特别快，不似刚才的活灵活现，此刻一脸愁苦。

"大家都对你不满意，你是不是也不愿意这样啊？"

他长长叹了口气，说："的确一直不开心，莫名其妙地想发火，四处闲逛心情也不好，我自己也觉得不太对头，我是不是真有病啊？

本来早想来问问您,可是老师和妈妈一让我来,我就不想来了。"这孩子逆反得还真是彻底。

"你担心自己真的有心理障碍吗?"

"说实话,我很矛盾,"他揉了揉鼻子,"有时候觉得有病也很好,就没人管我了。"

"所以有时候你闹脾气,是故意的?"他愕然地看了我一眼,低头笑了一下。

4. 高中生也会得"中二病"

谈到这里,可以肯定小童的问题不是障碍性的,而是成长和适应问题,他其实是得了"中二病"的高中生。"中二病"是初中二年级前后,因为青春期身心急剧发展导致的自我中心化、情绪化和过度逆反行为等综合症状,会直接影响孩子的学习和人际关系。小童已经是重点高中的学生,而高中生这些表现很少见,所以才显得异常。

"你有没有想过自己为什么变成现在这样?试着自己分析一下原因。"

他习惯性地摸摸头,翻翻眼睛,支吾了一会儿,说:"没怎么想过,不过不好好听课写作业、不上学不考试,除了因为贪玩,还因为生气。我不愿意听别人教训的话,就故意对着干,这个是逆反吧?班里同学这么说过我。"

我轻轻点头，又问他："逆反时感觉如何？你愿意一直这样吗？"

他低下头，看着自己的脚尖对撞，过了一会儿，说："其实这学期开学时，就不想还像上学期一样了，可是还是没忍住。我打算既玩游戏，也认真学习，不再耽误上课，可是被妈妈发现玩游戏之后，一切又恢复原样了。"

"你觉得这还是逆反吗？是因为妈妈又说你了吗？"

"我也不能确定究竟是不是逆反，也可能是我真的厌学了。老师说过老玩游戏会厌学，我之前不信，现在有点儿信了。"可以分辨出来，小童的语气中有无奈和慌乱。他想改变，就是好事。

"你也不愿意一直这样，学习对你而言依然是重要的事情。你不愿意被家长和老师说，也不愿意完全按照他们说的去做。你不能放弃玩游戏，因为这是和伙伴们的连接，但是又担心真的会上瘾。这些矛盾和冲突交织在一起，令你很混乱、心情很糟糕，可以这样总结你的问题吗？"

小童安静了下来，认真听我讲话，郑重地点头。

"小童，每一个孩子长大的过程，都会面对矛盾和冲突，学习做一个大人，就不能用孩子气的方法。咱们分析清楚问题的脉络，再讨论调整的方法。"

之后结合小童自己的分析，捋清了与他的问题密切相关的几个思路，并尽量寻找合理性。

小童是不到15岁的少年，身心都在成长发育，出现一些情绪和行为问题很正常。

初中阶段因为不适应新的环境，过多关注学习，导致伙伴交往缺失、兴趣爱好单一，是促使他升入高中后沉迷电脑游戏的重要原因。

高中学习任务繁重，无论多聪明的孩子，都需要投入很多精力才能完成学习任务。老师和家长对于孩子玩网络游戏这样的事，因为非常担心，通常会强烈反对，这也是正常现象。

小童一直是个乖孩子，家人，尤其是妈妈对于他的逆反很不适应，反应过激也很正常。

问题澄清之后，对于妈妈和老师的要求，小童不会再像从前一样不顾一切地抵触，而是先思考如何进行调整，才有意义。

总的思路是要循序渐进，先要坚定调整的信心和目标，而实现过程则要一步步来。首先是小童保证按时上课，必须参加一切考试，之后再优化学习状态，合理安排时间，争取更好地完成学习任务。

我的任务是负责与班主任和妈妈沟通，减少对小童的批评和指责，当然适时的提醒和约束是必要的。另外，小童获得心理辅导中心的"VIP"资格，可以在课余时间来借阅杂志书籍，也可以随时找我聊天。

与班主任和小童妈妈的沟通进行得都很顺利，他们的确是忽略了小童的年龄偏小，智力发展水平无法代替心理成长历程的问题。

小童答应了积极调整，但是孩子在完成任务的过程中做得不够好甚至出现反复都很正常，要有耐心和信心，多鼓励和肯定。尤其是妈妈，必须减少过度关注和约束，多照顾生活，少讲道理。孩子愿意沟通时要认真倾听，少给评判和建议，而且孩子的生活不能只有学习。

在几方面的配合和支持下，到学期末，小童的学习和生活状态基本恢复正常，期末考试后跑来找我，借走了一堆书，说假期要看看，因为读书和玩游戏一样有意思。

5. 写在后面

家长和老师，都需要储备足够的心理学知识

处在青春期变化最为剧烈的阶段，快速成长过程中情绪易波动、想法易偏激以及出现逆反行为都是常见现象，因为小童是跳级的高中生，周围的同学早在初中阶段就度过了这个时期，所以显得难以理解和接受。

与小童类似的孩子每一届学生中都有，即使有的孩子年纪并不小。心理发育的时间早晚和成熟水平存在显著的个体差异，有超前的也有明显滞后的。智力发展得快的孩子心理成熟水平未必高，还很有可能成反比。

成长和发展的规律不容忽视，老师也好家长也好，可以学习发展心理学和教育心理学的基本知识。当然，了解规律也不能生搬硬套，还要具体情况具体分析。

重视孩子的心理健康，也不可"草木皆兵"

小时候属于易于抚养类型的孩子，青春期常常因为正常的心理行为变化与之前乖巧和顺的状态反差太大而不被接受，甚至因为成年人的过度关注而放大，使原本仅仅是阶段性的发展性问题，或适应性问题演变成难以解决的障碍性问题，给家庭和学校带来教育难题不说，更会影响孩子的一生。

关注孩子的心理健康是对的，但是不能过于敏感，甚至放大。比如小童的妈妈，因为孩子不听话，有奇怪的行为，就带孩子去医院精神科诊治，风险值也不小。有的孩子之所以很愿意接受自己有心理疾病，就是因此可以按照自己的意愿做事情。不学习，甚至不上学都会变得很合理。这种主动的"被心理异常"，会严重阻碍孩子的正常发展。

孩子的生活中只有学习，很容易变成没有学习

学习成绩经常会被家长和老师当成孩子是否健康和快乐的重要指标，认真读书、成绩好就是开心充实和健康；成绩下降，不爱读书甚至厌学就是出了状况。其实学习成绩和孩子的健康状态之间并无正相关，学习努力、成绩优异的孩子不见得没有问题，学习积极性下降，甚至有厌学表现的孩子，很可能只是处在发展变化或适应外界变化的过程中。

很多出现问题的孩子，家长只要孩子能够去学校继续上课就会安心，否则就忧心惊惧不已，只关注标不顾及本形同掩耳盗铃。具体问题具体分析，关注行为背后的原因，理性分析后再尝试介入与干预，是成年人在养育和教育孩子的过程中需要不断练习的能力。

在日常的家庭教育中，父母一定要注意对孩子良好个性品质的培养，帮助其克服弱点，正确面对不利情境。在孩子即将面临学习与生活的环境和条件变动之前，成年人需要提醒和指导，尽量避免问题的出现。如果孩子的情绪和行为问题已经产生，也不能气急败坏、一味责骂，这样很可能帮倒忙。

小树苗长成大树要经历很多风雨霜雪和病虫灾害，事先的预防和事后的助治同等重要。冷静不冷酷、环绕不禁锢、热情不炙烤、辅助不替代，讲求的都是适度，适度是教育的大智慧。

如何应对迟来的"中二病"

如果在过了"中二病"时期，还不恢复理性状态，那么自己也要反思现在的状况是否合理，如果已经给自己的生活造成困扰，那么就应该正视自己遇到的问题，敢于向身边的人诉说，并积极寻求解决办法。我们应该明白这样一件事，唯有心理的健全才能支撑我们对抗生活中的不完满。

Part four

不顺从是被低估的习惯，
很听话是被高估的美德

倪匡说，人类之所以有进步，是基于下一代不怎么听上一代的话。不过分顺从，才能有主见；不太听话，才能有创造力。强大有很多种，而每一种强大的最终落脚点，都是内心的安宁。学会充分且平等地应对种种好与坏，逐渐"脱敏"，改变容易焦虑、抑郁的内心，不再被细枝末节的事物左右，不再贪图别人的救赎，我们终有一天会变得坚不可摧。

故事一
裙子恐惧症

敏晴是个安静温和的女孩子，但她有个奇怪的特点：非常惧怕穿裙子。全班同学都要参加合唱活动，女生是统一的裙装，她既不能穿裙子，又不能不参加，最后在裙子里穿条裤子。结果遭到同学们的取笑，于是她愤而离开，之后又被班主任批评，她伤心不已。花季女孩儿，怎么会有"裙子恐惧症"呢？

1. 不穿裙子的女孩儿

每年五月的"悦音合唱节"，是学校的传统活动，热闹堪比重大节日的庆典。因为整日埋头书山题海，需要严格遵守校规班纪的孩子们，在这一天不仅可以大声歌唱，还可以盛装出席，孩子们的兴奋指数可想而知。

为了引导孩子们参与健康的娱乐活动，同时体验合作共赢，这项活动要求所有的学生都要参加。不要求多高的演唱技巧，以轻松愉快的方式为班级荣誉而战才是主要目标。

孩子们在繁忙的学习之余挑选和编排曲目，见缝插针地排练，设计队形和动作，讨论服装以及演出时的"秘密武器"。每年的这段时间，孩子们都热情高涨，他们的声音和笑靥让校园充满生机。所有人都会受到感染，连初春的花草树木似乎也被青春的气息召唤，在暖阳下快乐伸展。

合唱节的决赛演出总是精彩纷呈，而且笑料不断，会吸引很多老师去凑热闹。孩子们"脑洞"大开，为争取更多关注和各种奖项，他们会以很多"神奇"的方式演绎歌曲。得到高分时会雀跃欢呼，比预想的效果以及成绩差时会各种"吐槽"，全部都很有趣。夹杂在自由自在、口无遮拦的孩子们中间，我仿佛青春回归，心情不由得欢畅怡然。

欢快的场合和活动，除了开心和好玩儿，偶尔也会出现不协调的插曲，不一定是因为比赛输了，也可能是意料之外的缘由。那一年的合唱节，我坐在一个高一班级的后面观赛，偶然看到一个女孩子被同学取笑和老师批评的全过程。小姑娘脸上的眼泪和慌乱的眼神，与周围的氛围极不协调。

我认识这个孩子，她叫敏晴，上课的时候她的位置距离讲台很近。我印象较深的是她安静的笑容，眼睛弯弯，嘴角上扬，呈好看的弧形，两颗小小的虎牙，亲切而可爱。

那天合唱节决赛，敏晴所在班的"秘密武器"是很炫酷的演出服，男生是金领结、燕尾服，女生是金色连身太阳短裙，舞台效果一级棒。孩子们从舞台上回来难掩兴奋，画着彩妆的小脸神情雀跃，小声讨论着唱得如何，动作有没有做错。

我坐在队伍后边笑眯眯地看着他们，对附近的孩子们说："表演很成功啊，很棒！"

身边的女孩儿说："如果不是因为敏晴，效果会更好！"

我有点儿吃惊，问："怎么了？她唱错了还是动作做错了？"

"敏晴临阵脱逃了，我们在等候入场时现改的动作，能整齐吗！""不知道为什么，裙子里非要穿条裤子，又不是'嘻哈'演出。""临上场也不肯脱掉，说急了就跑了，真是发神经。"孩子们七嘴八舌地说着。

话音落下不久，我远远看到班长带着敏晴从外场走了进来，直接走到班级队伍前面的班主任面前。敏晴的太阳裙里面果然穿着校服裤子，裙子小而短，裤子很宽松，这样的搭配看着很古怪。她垂着头，双手在身前交握，听班主任在说着什么，从敏晴和周围同学的表情上看，班主任老师应该是在批评她。

附近班的同学觉察到有状况，也开始往这边张望，我听不到他们说什么，只见敏晴的头越来越低。过了一会儿，应该是老师让她到队尾去，敏晴依旧低垂着头，向我坐的方向走过来。我示意旁边的孩子们别再说话，给她让个座位，这个孩子连哭的时候都是静静的。

幸好口袋里有纸巾，我递给敏晴，那张化过妆的脸都快抹成小花猫了。她接过纸巾，哽咽着说"谢谢"，她抬头看了一眼，发现是我，非常吃惊。

我拍拍她的肩，小声说："没事儿。"示意她先擦脸。

小姑娘的泪水忽然间滂沱，但她用力隐忍，肩膀不停抽动。我轻轻揽住她，慢慢拍着她的背，心里想着这孩子不肯穿裙子，还如此难过，会是什么原因呢？后面几个班的演出我也无心细看。很快活动结束了，敏晴班获得二等奖，孩子们有些意兴阑珊，站起来整队回班。

我问敏晴："是否愿意跟我上楼洗洗脸？"她先是看向远处的班主任，班主任也正巧看过来，我示意要带走敏晴，班主任点了点头。于是我拉着孩子有些凉的手，从场地后面离开，直接回到辅导中心。

2. 由裙子引发的家庭纷争

进到办公室，我先给敏晴拿好洗脸用品，然后找了一件干净的运动服，让她先把紧巴巴的演出裙换下来。孩子哭得差不多了，眼睛红红的，听话地去盥洗间。清理好后回来，我让她坐在沙发上，喝点儿温水。这个欢腾的下午，对这个孩子而言显然相当难挨。

休息了一会儿，我走进辅导室，坐在敏晴身边，看看她有些肿胀的眼睛和脸颊，捋了捋孩子掉落的头发，问她："愿意跟我说说是怎么一回事吗？"

敏晴吸吸鼻子，泪花闪动，清了清嗓子，说："老师，我今天太丢人了……"然后哽咽着说不下去了。

我轻轻拍拍敏晴的肩，说："别着急，慢慢说，丢人的事情谁都遇到过，况且事出有因，不见得就是丢人。我在现场了解了一些情况，你不是任性、不顾集体荣誉的孩子，出现这些状况一定是有原因的。"

听到这席话,敏晴看向我,使劲儿点了点头,两串眼泪缓缓滑过面庞。她带着哭腔说:"我很想好好参加活动,可是实在没有办法,因为我特别害怕穿裙子,也从来不穿裙子,同学们都说我矫情。以前有人说我有病,说我得了'裙子恐惧症',老师,有这种病吗?"

我赶紧把纸巾盒递给敏晴,让她借着擦眼泪,缓和一下又激动起来了的情绪。

等到她情绪平稳一些了,我解释说:"'恐惧症'是常见的心理障碍,诱发对象有很多种类,人、事、物以及环境都有可能。恐惧本身是人类的基本情绪之一,具有适应和保护功能,至于是不是恐惧症需要评估很多项症状标准,不是轻易就能下结论的。"

敏晴认真听着,情绪更稳定了一些,听我说完后她点点头,问:"老师,您是不是从来没听说过恐惧穿裙子的,像我这样的人是不是更神经一些啊?"

我笑了一下,说:"害怕穿裙子更'神经',这个想法从哪里来的?"

"我妈就这样讲,说一个小女孩儿竟然害怕裙子,是神经病里的神经病。"

我不自觉皱眉,当妈妈的为什么要这么说自己的孩子呢?我沉吟了一下,问她:"你是从什么时候开始害怕穿裙子的呢?"

敏晴想了想,说:"小的时候很喜欢穿裙子,听妈妈说我上幼儿园时连上室外课都不肯脱掉裙子,后来才慢慢害怕的,具体时间记不清了,大概是小学二年级以后吧。"

"你记得当时发生过什么事情吗?"

"嗯,记得。有一件事情印象非常深刻,有时候做梦都能梦到。"

故事一
裙子恐惧症

敏晴开始给我讲她的故事，应该说是事故更加准确。

事情发生在敏晴上小学二年级的时候。一天下午的最后一节课是户外自由活动，敏晴和同学们在操场玩儿游戏。当时敏晴穿了一条有松紧带的小裙子，班里有几个调皮的男生跑过来捣乱，双方发生了冲突，拉扯了起来，一个男孩儿一下揪住了敏晴的裙子，旁边的另一个男孩儿再一推搡，裙子就被扯了下去。这下可乱了套，周围的孩子们一阵叫嚷，敏晴被突发情况吓住了，呆若木鸡，好在附近的老师闻声跑过来赶紧给她穿好，并大声质问是谁干的。这时候敏晴才反应过来，哇哇哭了起来。虽然当时敏晴年纪小，但也知道这是丢人的事情。

孩子们对"裙子事件"说个不停，敏晴的眼泪一直没有干，很快放学铃声响了起来。老师把孩子们带了出去，嘴快的已经冲到敏晴奶奶面前说敏晴被男生脱掉了裙子，当时接孩子的家长很多，闻言都围了过来问怎么回事。

这时候班主任带着两个闯祸的男孩儿走了过来，跟敏晴奶奶解释刚才发生的事情，并让男孩儿给敏晴道歉，男孩子的家长也过来跟奶奶道歉。

奶奶一直说家乡话，听普通话比较费劲，这么一堆人围着她，让她很紧张，不知道发生了什么事情。班主任又慢慢给奶奶讲了一遍，她才明白了什么意思，原本有些紧张慌乱的神情逐渐转成阴郁和愤怒，大家都看出来老太太生气了。

接下来的事情谁都没想到，只见脸色越来越难看的奶奶忽然一巴掌打到敏晴头上，还恨恨地说着，大概意思是就知道臭美，脸都丢尽了。奶奶还要继续打,被旁边的人拦住了,大家七嘴八舌地劝说,说小孩子不懂事而已,再说又不是小姑娘的错。奶奶没完没了地骂难听的话,挣扎着还要打。虽然奶奶说的是家乡话,但是敏晴听得懂。

敏晴说自己被奶奶推搡着,其他人就拦着。她仰头看着乱糟糟的大人们的脸、嘴和挥舞的手臂,极其恐惧,眼泪直流,但哭不出声音。她说那种感觉太难描述了,之后很多年还会时不时梦到,醒来时枕巾都会被眼泪浸湿一片。

班主任担心奶奶在回家的路上再发火打孩子,就联系了敏晴的妈妈。回家之后妈妈和奶奶大吵了一架,奶奶气得走出家门。爸爸回来后先是冲妈妈一顿吼,说奶奶不识字,只认得学校和集市,走丢了怎么办,然后奔出去找奶奶。好在没过多久就找回来了,但奶奶还是气个没完,跟爸爸告状,数落妈妈没有把敏晴教好,和男孩子疯在一起,还让人脱了裙子,还要不要脸之类的。

爸爸阴沉着脸问妈妈是怎么回事,妈妈正气得要命,不理睬爸爸,于是爸爸一把扯过敏晴,让她自己说。敏晴说爸爸从来没有那么凶过,眼睛红红的,特别可怕,自己被狠狠握着的胳膊疼得要命。敏晴吓得说不出话,爸爸气得大吼,把敏晴拉过去,妈妈一把把爸爸推开,叫嚷着问他是要吓死孩子吗。奶奶在一旁添油加醋地说了一遍,爸爸知道了事情的原委,坐在沙发里呼呼喘着粗气,最后阴沉沉地说,以后不许敏晴再穿裙子。

敏晴诉说的过程中,我不自觉地脑补当时的场景。整个事件的"镜头感"太强烈,似乎可以回到很多年前那场混乱,我能看到小女孩儿慌乱无助的眼神。

她话音落下之后，我沉默了一会儿。

"时隔这么多年，你还记得如此详尽，可见这件事情对你的影响有多大。"我握了握敏晴轻颤的手，说。

"其实当年就是孩子们之间偶然发生的小事，但是你奶奶年纪大，也没读过书，理解成家丑了。爸爸不至于不懂，但是估计积累很久的家庭矛盾让他太烦了，以至于难以顾及你的感受，让这件事雪上加霜。"

"嗯，老师，长大一些后我想得明白，但是那种恐惧感却没办法消失。越想忘，就记得越清楚。"

"事情的大概我已了解了，你的'裙子恐惧症'是能够调整的，但是调整的目的不仅仅是不再害怕穿裙子，而是要修补8岁时的你心头的那一道伤口。你愿意让我帮帮你吗？"

3. "裙子事件"是家庭破碎的象征

敏晴回班拿书包去了，我给她的班主任打了个电话，了解了一下当天的具体情况，也要解释一下孩子的问题，好帮助敏晴应对一下当下的困境。

班主任说这件事发生得突然，自己也没想到。合唱节比赛之前一直没宣布穿什么服装，组织活动的孩子害怕走漏消息，影响比赛时的惊艳度，所以活动前一晚才发放的演出服。当时也有女生抱怨裙子太短，自己太胖穿着难看。调整了一下队伍后，孩子们就没什么怨言了。

当时老师没注意到敏晴有异样，只记得她要求站到队伍中间，但是她长得小巧玲珑，身材又好，文娱委员就坚持把她放到前排。转天比赛前换服装，她的裙子里还穿着校服裤子，大家怎么说她也不肯脱掉，只同意把裤腿卷上去，可是裙子根本盖不住裤子，很难看。当时同学和老师都很着急，话说得有点儿重，她干脆扭头跑了。大家很惊讶，也很气愤，赶紧把队伍调整了一下，然后临时拼接了一下动作，匆匆上场，演出效果也因此受到了一些影响。演出结束后，班主任赶紧让班长去找回敏晴，等敏晴回来后自己批评了她几句。

"难道敏晴有什么心理问题吗？"班主任有点儿担心地问我。

"孩子不是任性，更不是缺乏集体荣誉感，累积在内心深处的成长问题，平时看不到，遇到导火索就看出来了。"

班主任很吃惊："我带班好几年了，不爱穿裙子的女孩子时不时能遇到，但是没有怕到这种地步的。"

"不肯穿裙子也许就是一个表象，借着这件事情看看能否引导一下孩子吧。"班主任听了我的话，立刻答应帮助敏晴化解合唱节的问题，以后也会尽力配合我的工作。

合唱节是周五，过了一个双休日，她如约来见我。

我问："敏晴，班里同学还说合唱节的事情吗？"

她摇摇头，说："没有当面说，就是在班级 QQ 群里抱怨的比较多，但是内容绝大多数是在评价各个班的演出什么的。"

"班主任说啥了吗？"

故事一
裙子恐惧症

"没找我说啥,老师在班里说问了评委,分数主要扣在音准和节奏上了,其他的评价都很高。"我心里给班主任点赞,佩服她的智慧,可以轻描淡写、不着痕迹地为敏晴解围。

"很多让人烦恼或者不开心的事情,知道了合理的原因,就容易接受了。心理问题也是如此,找到原因很重要。"

我们开始讨论她恐惧穿裙子的原因,无外乎是性格特点和成长环境,还有偶然发生的伤害性事件。敏晴说自己的性格很像爸爸,敏感、多思、容易自责、胆小、习惯退让、不敢主动表达自己的意愿等等,这些是心理问题的"易感性"特质。

敏晴详细介绍了自己的家人,她的父母都是从乡下考出来的大学生,独自在城市扎根、安家立业,不仅如此,还要给老家的亲戚很多帮助。敏晴出生以后家里条件好了一些,有一套住房,她记得妈妈特别爱给自己打扮,各种样式和颜色的裙子,她那时候过得很开心。

后来爸爸和妈妈工作都有变动,很忙,敏晴也快上学了,于是就把奶奶从老家接来照顾她。奶奶没念过书,比较严厉。那时候敏晴虽然年纪小,但也能感觉到奶奶不喜欢她。敏晴胆子小,害怕奶奶,虽然平日里挺活泼,但是只要在奶奶面前就怯生生的。

敏晴说妈妈和奶奶的关系也不太好,奶奶总是说妈妈乱花钱,还说在乡下,女孩子一年到头也就买一两件,小姑娘爱打扮不是好事之类的话。反正她们之间有矛盾,妈妈气急了就顶撞奶奶,还会和爸爸吵架,然后家里的气氛就特别糟糕,自己连话都不敢说。

小时候只知道奶奶很严厉,不喜欢妈妈更不喜欢自己。"裙子事件"之后,奶奶更严厉了,她甚至收走了敏晴所有的裙子,拿给

205

了老家亲戚的孩子。因为这件事，妈妈又和奶奶大闹了一场，但是也没有办法，就用给自己买新裙子来抵抗。婆媳之间的战争不断，爸爸常常被卷进去，最后大人们吵成一团。妈妈和爸爸商量，把奶奶送回老家去，但是爸爸不肯。自己小学四年级时爷爷忽然去世，爸爸就更不让奶奶回乡下老家了。

敏晴说小时候围绕着裙子发生了很多家庭大战，奶奶不允许她穿，妈妈偏让她穿，自己常常左右为难。不过从8岁那年的"裙子事件"之后，敏晴上学时的确不敢再穿裙子了。学校偶尔有活动必须穿，奶奶就让她在裙子里穿条裤子。

节假日的时候，妈妈会拿出漂亮裙子让敏晴穿，否则不带她出去玩。自己拗不过妈妈就只好穿上，但是早已经没有了小时候看到新裙子时的雀跃和穿上之后美美的感觉，反而越来越觉得紧张和别扭。

随着年纪的增长，敏晴越来越能明白大人之间的复杂关系。爸爸妈妈原本没有太多冲突，只是婆媳关系太难调和了。因为爸爸是独子，奶奶除了老古板之外，对妈妈没有生男孩儿一直有怨言。妈妈虽然也出身农村，但是个性很强，经济又独立，所以不肯受委屈。于是爸爸就成了奶奶和妈妈之间争夺的对象，而敏晴就是个出气筒，甚至是牺牲品。

小学毕业的时候，妈妈提出离婚，要带敏晴离开，奶奶死活不同意，胆小的她什么也不敢说，只能听从大人的安排。敏晴说父母离婚后，没有了纷争的世界忽然安静了，自己心里轻松了一些，但是空出的部分迅速被孤单占领。

敏晴和爸爸奶奶一起生活，爸爸特别忙，很少能见到。奶奶年纪大了，没有妈妈和她吵架，脾气温和了一些，但是对敏晴的要求一点儿也不少，琐碎的事情都要唠叨个遍。上初中后，奶奶更加警惕了，一直坚持接送她上下学，像个看守员。

从妈妈走后，敏晴就和裙子永别了，反正初中功课紧、活动少，最常穿的就是校服，索性就多定了两套，一年到头不换样。而每次和妈妈见面，都免不了要挨数落。妈妈嫌弃敏晴难看，一个小姑娘，剪着短发，穿着运动服，不细看根本分不清男女，这样很不正常。妈妈经常买来女孩儿的衣裙，敏晴连标签都不会拆，奶奶倒是不再把敏晴的裙子拿去送人，有时候挑出看着顺眼的也让敏晴穿，可是别说穿上，单是看到裙子她心里都会一惊，简直是不寒而栗。

敏晴读初二时妈妈再婚了，转年又生了一个小妹妹。忙于新的家庭和孩子，妈妈很少和她见面。敏晴的少女时代，是在寂静和极简的生活状态中慢慢度过的。

4. 可怕的不是裙子

连续一个月，每周一的中午我都和敏晴聊一个小时，给她充分的时间，让她尽可能详细地回顾和倾诉那些对她影响深远的过往。从来不曾讲过的往事和自己真实的感受，能够全部说出来，她觉得心里轻松了很多。

敏晴终于发现，裙子没有那么可怕，它只是很多年来敏感脆弱的自己用来面对家庭伤害时，最直观的一种表达。亲人的伤害经年积压于敏晴的内心，几乎已经结成块，这是有害物，必须松动、软化和溶解。只有给心灵腾出空间去盛放美好与明亮，才能生长出信心、勇气和力量，才能面对和解决问题。

但是"裙子恐惧症"不是分析清楚原因就能自行解除的。敏晴认识到自己对裙子的恐惧是童年创伤引发的，而糟糕的家庭关系是持续不断的消极影响，于是害怕穿裙子就成了孤独、压抑和焦虑情绪的表达方式。然而问题持续很多年，只是通过调整认知和改变观念，是无法有效地调节和控制的，于是我决定采用"系统脱敏"的方法帮助她。

系统脱敏是行为治疗中非常经典的技术，虽然我给敏晴提供的仅是心理辅导，并非心理治疗，但是基本方法是可以借鉴的。首先要让敏晴学会"调节呼吸放松法"，然后通过讨论，把敏晴对于穿裙子的焦虑层级简化为三级：把裙子挂起来，放到房间醒目地方，想象自己穿上的模样；在自己的房间里试穿裙子，尽可能延长穿着的时间，可以先从睡裙开始；把裙子带到辅导室来，穿给我看。然后，我们开始按照从低到高的层级进行练习。

暑假来临之前，我在辅导室看到了穿上长长纱裙的敏晴，惊叹于眼前忽然变得异常美丽的姑娘。辅导室有一面镜面墙，我拉起敏晴的手，走到镜子前，鼓励她抬头看着自己。面前和我几乎一般高的姑娘因为紧张而面若桃花，稍稍养长些的头发勾勒出线条优美的脸庞，眼神虽然慌乱但是非常明亮。

"敏晴，你已经长大了，长成漂亮姑娘了！"她有些不好意思，但眼神里写满兴奋。

"你回忆一下自己8岁的时候,再看看现在的自己,你早已不再是那个小女孩儿的无助模样了!"她迟疑了一会儿,露出一个灿烂的笑容,认真点点头。

"老师,我要变得勇敢和坚强,不能放弃美好和幸福。"

我给她留了暑假作业,试着穿上裙子走出家门,走到外面的世界。从很安全的长裙开始,再到短一些的裙子,慢慢练习和适应。

暑假结束之后,敏晴来看我,笑眯眯地说自己完成了作业,还和妈妈一起去商场买了两条新裙子。虽然自己还是更习惯穿裤子,但是不害怕穿裙子了,也不怕奶奶的唠叨了。我们说着、笑着,她提到奶奶还做个调皮的鬼脸,说自己其实基本上是吃奶奶做的饭长大的,奶奶远离家乡应该很难过吧。短短几个月,敏晴真的长大了。

5. 写在后面

一个人能否身心皆健康与家庭氛围紧密相关

夫妻之间相互尊重,亲友之间相处和谐,都会对孩子产生潜移默化的正面影响。在良好的家庭氛围中,孩子会感到安全、快乐,对父母也会尊重和信任。只要沟通渠道畅通,即便出现矛盾也能够及时得到解决。否则,父母之间观念冲突、关系紧张、结构残缺,都很可能养育出有问题孩子。倔强而能量强大的孩子容易出现行为问题，像敏晴这样乖巧脆弱的，很可能出现不同程度的心理障碍。

婆媳、夫妻等关系产生深刻的矛盾或长久的冲突，会导致家庭气氛紧张，失去原有的和谐和安定，会使年幼的孩子，甚至连长大了的中学生也难以适应。由于某些突发事件或特殊原因，使家庭成员对待子女的态度发生改变，像由喜爱、信任、关心到厌恶、训斥甚至打骂，忽然而至的粗暴管制会使孩子极为恐惧，而这种消极影响可能会延续很多年。

隔代带孩子，父母一定要处理好关系

父母帮助子女带小孩儿是很常见的社会现象，有我国的文化传统的影响，也有很多客观原因。很多父母缺乏育儿经验，或者工作太忙无法兼顾，已经赋闲的祖父母进入家庭帮忙是简单易行的方法，既安全又经济。但是必须考虑到祖父母、外祖父母搬来同住，或是增加了其他的家庭成员，都会扰乱原先家庭的生活规律和氛围，这种改变很可能会带来复杂的新问题。

由于父母离异或其他原因而造成的原有家庭成员的缺失，孩子也很容易因适应不良引发障碍性问题。敏晴非常可怜，这些糟糕的家庭状态基本都遇到了。

真正的爱基于认真地了解

父母要给孩子成长所需要的心灵支撑和精神营养，尤其是缺乏主动表达的意识和勇气的孩子，不仅要看到其表现出来的是什么，更要关注为什么，从这个角度看，敏晴的父母完全失职。

为人父母，无论自己的生活有多不如意，烦恼和无奈有多少，都要尽力给孩子一个可以得到温暖呵护的港湾。婆媳矛盾也好，夫妻分开也罢，其他人际关系体系无论出现多大的变故，做父母的都要时刻提醒自己亲子关系体系必须无条件的完整和谐。

如何解救陷于矛盾中心的自己

如果自己正身处矛盾中心，或曾经被这种矛盾牵扯，以至于自己已经形成对某种事物的恐惧，那么我们就要正视已经存在的问题，不要掩饰与逃避，因为恐惧和阴影只有摊开抚平，我们才能拥有正常的人生。

故事二
凡事都要哭一哭

志宏是个 16 岁的女孩儿，名字挺阳刚，但她内心很脆弱，还特别爱哭，从小到大不知道流过多少眼泪。哭是她表达糟糕情绪的唯一方式，只要遇到着急或者为难的事情就会哭个不停，好像奔涌的泪水可以冲走一切烦恼。泪水的源头是什么呢？能否牵着她的手，走出漫无边际的雨季呢？

1. 泪雨随时瓢泼的女孩儿

我第一次见到志宏，是在操场看台的角落里。

那是九月某一天的清晨，暑热仍在，难得早上凉爽，于是我很早来到学校，信步走到操场上。遇到晨练的同事，我们边走边聊。随意四顾，发现一个女孩儿蹲在看台上许久不动，看样子并不像是在看书，有些奇怪。

同事也发现了异样，轻声跟我说："你看看那个孩子，是什么情况啊，大早上的自己蹲在这里干吗？"我们慢慢踱步过去探看，孩子扎着马尾辫，头抵住膝盖，看校服式样是高一的学生。

故事二
凡事都要哭一哭

女孩儿被我们惊动，忽然抬头，那一脸的泪水和惊惧的眼神太过突兀，我内心不觉一惊。

"怎么啦孩子，为什么哭呢？是不舒服了还是遇到什么事了？"

她没回答，很快又埋下头，哽咽起来。不等我走上台阶，她就已经站起身来从看台另一侧跑开了。这孩子着实令人担心，我赶紧跟了过去。她跑向了教学楼，速度很快，我远远地看见她消失在二楼的走廊。

虽然只是短促的接触，但我对她满是泪水的脸印象非常深刻。我顺着走廊一个班一个班地看过去，很快就找到了她。她在整理书本，奇怪的是，从她痛哭到现在，不过几分钟的间隔，她已经很平静了，根本没有刚刚痛哭过的痕迹，我都怀疑自己刚刚是不是看错了。

这个孩子需要进一步了解，于是我记住班号，之后很快在团体辅导课上见到了她，还知道了她的名字叫志宏。课上我暗暗观察，小组活动中她表现正常，总是微笑，偶尔也会发言。志宏时不时会看向我，但眼神很快就转开，看来之前操场上的偶遇她还记得。下课的时候没等我叫她就跑掉了，明显不想和我说话。

课后我给班主任打了个电话，问："志宏最近情绪如何？前几天早上我看到她在操场上哭，今天想问问她，感觉她不愿意。"

班主任说："我正想找您说说她的情况呢，她太爱哭了！不哭的时候挺正常，偏内向，也很听话，一哭起来就变得很吓人。"

从假期军训到开学以来的三个多星期，志宏大哭过好几次。第一次是军训的时候，教官要求单兵练习，轮到志宏时她就是不肯出列。教官很温和，说任何同学都不能例外，志宏站在原地开始哭，教官见

213

状就没坚持，让下一个学生先做。可是她越哭越伤心，直至泪雨滂沱，在场的学生、教官和老师见状都呆住了，校长赶紧让班主任把志宏带离，了解一下究竟是怎么回事。

教官并没有批评她，也没硬性强迫，老师问是不是有别的原因，结果志宏不但不回答，反而哭得更厉害，都快喘不过气了。看到这种情形老师们都不敢再问，很快志宏就不哭了。又问她是不是身体不舒服，她也摇头。呆坐了一会儿后，她要求继续参加训练，之后老师再观察她，没有发现任何异样。

开学后的几次大哭，都是因为课堂提问。老师提问到她时，她一声不吭，老师继续问她，说就算答不出来也可以说不会，不能没反应，结果军训时的痛哭场景就再现了。很快大家都知道志宏的这个特点了，各科老师也都不敢在课上提问她了。

班里碰巧有志宏的初中同学，他们说她在初中学习成绩特别好，是班里的学霸，以"能哭"闻名于学校，除此之外没有别的问题。班主任认为志宏是适应能力和抗压能力比较低，于是嘱咐班委提醒同学们别刻意关注她，尽量友好宽容，过一段时间她适应了新环境就好了。班级事务管理分工要征求志宏的意见，请她担任学习小组组长和财务管理员，尽量多和同学接触。

我在操场上看到志宏的那天中午，她在班里又哭了，原因是轮到她们学习小组负责出班报，素材没有按时准备好，宣传委员询问志宏时，她又开始痛哭，早上在操场上大哭应该也是因为这件事。班委只是问问，她就跟受了多大委屈似的，搞得同学们茫然无措，很有怨言。

"这个孩子是不是有心理问题啊？要预约心理辅导吧？"班主任忧心忡忡地说。

"嗯，你建议她来心理中心吧，还要约一下她的家长，这个孩子到底是怎么回事，需要了解更详细的信息。"

2. 眼泪是她的"万能答案"

第一次和志宏谈话，她只说了大概二十个字，算是多年来辅导的孩子中最惜字如金的一个。走进辅导中心时，她看起来心情不错，一脸的好奇。

"志宏，你是第一次来这里吗？"我问道，她没说话，只是微笑着点头。

"那我带你参观一下好吗？"她继续点头，小鸡啄米一样，一脸的孩子气。

我开始带着她四处参观，一边看，一边做简单介绍。她跟在我身边，马尾辫摇啊摇，虽然不说话，但脸上写满兴奋。我的话她都以点头应答，眼睛黑亮，兴趣盎然，只有在和我目光对视的时候，略显紧张不安。

辅导中心的沙盘游戏区有很多微缩模具，志宏非常喜欢，看到什么好玩儿的小物件、小人偶，都会拿起来仔细观察。她的大眼睛亮闪闪的，笑的时候有两个小酒窝，十分可爱。

逛了一圈儿之后，我们进了辅导室，她的表情立刻从放松自在变成严肃警觉。

"志宏，是班主任让你来找我的吧？"她定睛看着我，点点头。

"那你自己愿意来吗？"她继续点头。

"上周咱们见过两次，一次是在操场上，一次是在课堂上，是这样吗？"她继续点头，眼睛中开始有水汽升腾。如此看来，直接进入问题讨论环节不太合适，于是我换了个话题。

"志宏，你上高中快一个月了吧，感觉怎么样？"

她依然不吭声，只是看着我，眼睛里的水雾迅速凝结成水滴，从脸庞迅速滑落。我赶紧递给她纸巾，她的泪水却越擦越多。

"这么难过，是遇到什么困难了吗？"

她一边擦拭眼泪一边用力摇头，我赶紧把纸巾盒和小杂物桶都挪她跟前。过了一会儿，见她平静了一些，我问："你摇头的意思是感觉还好吗？"

她点点头。"既然这样，哭得这么伤心是因为什么呢？"

听到这个问题后，志宏的泪水又汩汩而出。等她情绪缓和一点后，我再问："志宏，你哭不一定是因为伤心，对吗？"她点点头。

"你从小就这么爱哭吗？"

"嗯。"这算是她说的第一个字。

"班主任建议你来找我，是因为你爱哭吗？"

她顿了一会儿，眼泪依旧不停地哽咽着说："应该是。"满是泪水的脸颊忽然跳出小酒窝，那种又哭又笑的感觉很难描述。这么多的眼泪，当真是水做的姑娘。

"志宏，我终于听到你的声音了，很好听。你很爱哭，可是眼睛不肿，还非常亮，是怎么做到的呢？"我一边给她递送纸巾，一边唠叨着。她擦着鼻子，脸上闪过惊讶，还有一丝笑容。

她放松了一些，以点头、摇头和个别字来回答我的问题。配合她能给出的回答方式，我绞尽脑汁设计问题。然后大概了解到她从小就爱哭，初中更严重，升入高中后没觉得不适应，只是在感觉有压力的时候，比如课堂回答问题，或者让她当众做其他事情时，会不受控制地哭起来。她哭的时候心里并没有感到太难过，但就是停不下来，像条件反射一样。

通过这次谈话，我发现志宏和人交流的时候语言使用得极少，对于容易表达态度的封闭问题可以迅速回应，情绪也相对平稳，但是对于开放性的问题则无法回答，只能以源源不断的眼泪应对。对一个高中生而言，情绪和社交问题很寻常，但是这种状况实属罕见，没那么容易调整。严重的问题的背后一定有复杂的原因，我需要和家长谈谈。

3. 泪水泡大的孩子

转天，我见到了志宏的爸爸。他接到班主任的电话后，立刻请假来到学校，工作制服都没来得及换。他中等身材，偏筋骨型，寸许长的头发黑白混杂，脸上皱纹清晰，能感觉到他的沧桑和操劳。

"老师，抱歉，给您添麻烦了，我从单位来的，衣服也没换。"他讲话很客气，一脸的局促不安。

"没想到您这么快，知道为什么请您来吗？"

"嗯，班主任之前已经打过两次电话了，爱哭是我女儿的老毛病，以为来到这么好的学校会没事了，没想到问题好像更严重。"爸爸一脸的伤神和落寞，他视线低垂，皮肤粗糙的双手交握摩擦，发出轻微的嚓嚓声。他从坐下开始，腰背就挺得笔直，我能感觉到他是个个性很强的人。

要找到问题的根源，需要了解很多信息，我开始询问志宏从小到大的成长经历，爸爸讲得很详细。

志宏的父母都是山东人，高中毕业后这里的一家企业去山东招工，两个人都被招录了进来，就来到了这里定居。爸爸从事机械检修工作，妈妈生完志宏后身体一直不太好，于是就辞掉工作，开了一个小杂货铺，家里以及孩子学习的事情一直是爸爸负责。

爸爸早年因为家境的原因，虽然成绩一直很好却与大学无缘，很希望能生个儿子，来完成自己的愿望，所以孩子出生前名字就取好了。但是生下来的是个女孩儿，虽然觉得遗憾，但是爸爸也挺喜欢，不过孩子的名字没改，他觉得时代变好了，女孩儿也可以很有出息。志宏很聪明，很早就跟着爸爸识字、学习数学以及其他知识，她非常听话，就是有一个很讨厌的毛病，太爱哭。

志宏没什么毛病，以前挨打都是因为爱哭，因为爸爸一直认为有出息的孩子不能脆弱。女儿小时候身体不怎么好，弱弱的，很瘦小，按理说不应该打，可是看她哭个没完，怎么哄都不行，急了就打。

故事二
凡事都要哭一哭

后来孩子读小学了,因为太爱哭所以老师总请家长。有一次被老师请去学校,他看着孩子哭个没完,很心烦,没控制住情绪当场就打了志宏一巴掌,结果被老师一顿数落。从那以后就没怎么打过孩子,不过每次看到她哭还是很生气,有耐心时就讲道理,不耐烦了就骂一顿,自己也知道这样做不对,但是没有更好的办法。

"孩子那么爱哭,都是因为什么事情呢?"我希望爸爸能够说得更细致一些。

"没什么大事,也就是学习上的问题。"

"孩子的成绩您不满意吗?"

"那倒不是,她的成绩一直不错,都是我给她辅导功课,可能是要求太严。可是经常是我没说什么她也哭,很讨厌。"爸爸稍微舒展的眉头又皱了起来。

"如果孩子哭起来,您会发脾气吗?会不会惩罚她?"

"不一定,有时候会发脾气,惩罚的话,不一定。"他一边回想一边说,接着补充道,"学习从来没放松过,如果考得不好,怎么哭也没有用,必须接受处罚,也就是罚她多做些题,不会骂她或者打她。"

"初中的时候有什么问题吗?"

"她不爱和同学来往,初三开始上课就不肯回答老师的问题了。班主任找过我,说了也不管用。她成绩非常好,老师们比较照顾,也就过来了。"

"不能和同龄人相处,无法回答课堂提问,孩子的这些状况您没有担心过吗?"

爸爸沉吟了一会儿，说："班主任说怕上高中之后孩子压力更大，这种性格不好适应，但我还是比较乐观的，因为重点高中的孩子素质高，一定比初中同学友好，而且高中主要拼成绩，只要分数高，其他事情都好说。"

"事实跟您推测的一致吗？"

"唉！刚开学的时候挺好，有一次小测验，她的成绩与入校时比明显落后，我问她怎么回事，她又开始不停地哭。家长会后我找班主任，说孩子可能是不适应，压力大，需要鼓励。这次又让我来见心理老师，看来问题是真的严重。请您一定要帮忙，必须帮她把成绩追上去！"

"从和您的谈话里，我能感觉到您特别关注孩子的学习。"

爸爸叹了口气，说："是啊，我们这样的家庭，孩子唯有读书才有更好的出路。虽然经济条件不好，但也从来不耽误孩子的学习。无论是生意上的事，还是家务，都不让孩子做，她只需要努力学习就够了。"

"妈妈不太管孩子吗？"

"她不懂什么，身体又不好，孩子的吃穿能管一管也就行了，其他的都是我在管，孩子很少和她妈妈说话。"

志宏为什么会变成"水做的姑娘"，原因不难分析。敏感、脆弱、顺从、胆小、爱哭、退缩的个性特点，加上安全感低，这样的孩子极易出现情绪和交往问题。安全感主要来自孩子生活的环境和养育她的人，同时取决于家庭是否和谐，有没有足够的母爱和父爱。安全感的作用就像一个调节器，如果安全感高的话，可以帮助个体克服与生俱来的弱点；如果安全感低的话，会出现更大的心理问题。

志宏欠缺母爱，父爱也很贫瘠。她的爸爸只重视学习成绩，孩子情绪表达能力差，情感脆弱，又得不到理解和帮助，自然会出现问题。最糟糕的是志宏本来就胆小爱哭，父亲却使用简单粗暴的方法对待孩子，不但无法缓解，反而会助长和强化了这些问题。压力情境中她逐渐用哭替代了说和做，成了泡在眼泪中的孩子。

爸爸需要了解的是，目前孩子最大的困难是在语言和情绪表达上有明显的障碍，应对压力情境的能力也很低，影响正常社会生活不说，学习任务也无法顺利完成。家长要把学习成绩暂且放在一旁，大家一起努力，帮助孩子尽力调整，如果效果不明显再考虑转介心理医生。

4. 沙盘中装着过去与现在

之后的半个学期，我和志宏经常见面，她知道自己的问题比较严重，所以愿意接受帮助。我们约定在谈话的时候她想哭就可以哭，但是只要能够开口说话，就尽力用语言表达。

为了训练志宏的语言表达能力，我使用了个体沙盘。她是内心非常丰富的孩子，但表达能力受阻。再加上她的成长环境太过单调，没有玩伴，也缺少玩具，所以对沙盘游戏特别感兴趣。在自己构建的一个个沙中世界里，她很放松，也很开心，每次都能兴致勃勃地给我讲她的作品。她的语言精练准确、想象空间广阔、创造力丰富,我能感受到她是一个聪慧的姑娘,内心世界单纯而美好。

制作沙盘,开始的几次都是自由创意。慢慢地,我让她以过去到现在为时间轴,呈现过往的生活以及感受,并且每次制作沙盘后,都要交流和讨论问题。志宏依然会流泪,但是哭的频次与时间在逐渐减少。终于有一个午间,她一滴眼泪都没有流,我开心地扶着她的肩膀,孩子笑弯了眼,脸颊上也出现了可爱的小酒窝。

两个月的时间,志宏从只能断断续续地说,到可以讲大段的话。她的语言表达能力越强,情绪就越平稳。十几年来的生活,她记得十分清晰,经年堆积的难过和无助,清理起来异常艰难。我印象最深的是,凡是沙盘中出现的她自己,都是一个小小的、孤单的小玩偶,身边从来没有别人。

志宏说小时候是因为害怕才哭,在小区里玩儿或者在学校里,总被人欺负。自己有很多难听的绰号,在感到害怕或者生气不知道该怎么办时,就只能哭。回家告诉爸妈,妈妈会不让她出去玩儿,爸爸则会发火,结果自己就哭得更厉害了。爸爸很少有心情好的时候,讲题时更严肃,只要做错题爸爸就会发火,而她就只能哭。爸爸总骂她窝囊,没出息,还会打她,吓得她不敢哭,就拼命控制,可是越想控制哭得就越厉害。

志宏说小时候别人对自己不友好时自己还不觉得怎样,只要愿意和她一起玩儿就行。长大后,越来越不愿意听别人的取笑或者讽刺,于是经常和同学、伙伴发生冲突,而爸爸不管这些,只管她的学习。她成绩不错,上初中后当了学习委员。在收作业、组织早读的时候

故事二
凡事都要哭一哭

有的同学违反纪律,她就告诉老师,结果遭到同学们的报复。他们故意给她找麻烦,于是自己又开始经常哭,结果自己只当了半学期的班委,就被撤职了。

志宏不爱理睬男生,觉得女生也很难相处,所以没有朋友,大家都说她是"只会考试的傻瓜"。一次课堂提问,她一时语塞,老师说成绩那么好怎么可能不会,有个同学说傻瓜这次完全傻了,然后全班大笑,她气得大哭。从那以后,只要被老师提问就忍不住哭,也无法回答问题,之后老师们就不提问她了,轮流回答问题的时候同学们都自动跳过她。因为这个她心里一直很别扭,但是爸爸说考上重点高中就好了,那里的老师和同学都很友好,于是她就尽力不去管别的,只是努力学习。

只有很少的几个同学和她一样考上了重点高中,而且高中的班级环境比初中好太多,志宏其实很开心。她解释说军训时大哭是因为害怕单独做动作,老师提问会哭是老毛病,功课变难了,越害怕答错就越说不出话。其实自己心里很难受,觉得特丢人,于是就哭得更厉害了。开学时认识了几个同学,后来因为自己总哭,又都渐渐疏远了。虽然没听到谁说自己的闲话,但是感觉老师和同学们都刻意和自己保持距离,和初中的状态越来越像。她觉得自己很糟糕,不知道怎么办才好。

5. 再一次沦陷

志宏想要改变自己的意愿很强，家长、老师和同学也都很配合，效果逐渐显现。到高一上学期结束，志宏的状态明显好转，哭的次数越来越少，课堂上偶尔也可以主动回答问题。期末考试成绩明显提高，志宏爸爸特别高兴，家长会后还专程来向我致谢。

我嘱咐爸爸要利用好寒假，帮助孩子巩固目前的调整效果，以防反复。另外，假期要尽量多陪孩子做一些放松的事情，不要太关注学习。就算孩子没有心理问题，高中课业难度大，成绩有起伏也是正常现象，关键是家人的支持和鼓励。

放假前最后一次给志宏辅导，我建议她利用假期多读书、听音乐，多和同学一起出去玩儿，也可以帮助妈妈做些家务事，开学后如果有需要，可以继续见面。那时候父女俩都很开心，一切看起来都还不错，然而，一切又很难真正如愿。

寒假过后，志宏没来找我预约时间。上课时见到她，我询问她的状况，也总是没聊两句她就急匆匆跑走。我询问她的班主任，班主任说她只是不爱说话，情绪还比较平稳，没发现什么问题。一晃到了期中考试，班主任找到我，说志宏的状态又变得糟糕了。连续两次考试成绩下降，月考降得不明显，自己并没有批评她，但发现她学习状态明显变差，作业也完成得不好，才找她谈话，结果她又开始不停地哭。把情况反映给家长，爸爸说会严格要求，结果期中考试下降得更严重，很多学科跟没学过似的。后来她在学校基本不说话，

故事二
凡事都要哭一哭

上课经常睡觉，随便问她点儿什么事就只是哭个不停，成了著名的"哭神"。听到这里我心里一沉，估计是她的爸爸没有遵守承诺，我得找孩子谈谈。

志宏来到辅导室，眼神黯淡，沉默不语，没过几分钟就开始流泪，回答问题也只能点头或者摇头，四十分钟内用掉了一整包面巾纸。提到学习的问题时她哭得最厉害，问她是不是爸爸特别不高兴的时候，她简直就是痛哭流涕。

爸爸再次出现，证实了我的所有猜测。他见到我时非常焦灼的样子，好像看到了救命稻草，说："您赶紧再帮帮孩子吧！她最听您的。她现在成绩已经太差了，这样下去估计连二本都考不上！"

如此看来，爸爸最关注的还是志宏的学习成绩，寒假前我嘱咐他的话全部被他抛到了脑后。寒假里还是给志宏补了很多课，不但没让志宏放松，连以往回家乡过年的几日悠闲都给省了。

"您不是答应假期里如何安排都听孩子的意见吗？"我问他。

"啊？啊，对，"他抓抓头，烦恼又尴尬，"可是高中功课难，我辅导不了。我看她状态挺好，成绩还算不错，想着能更好一些，就赶紧找补习班了。就只是把新学期的内容先预习了一下，同事家的孩子都是这样。因为花了不少钱，所以我们春节就没回老家。"

"可是孩子的成绩并没有进步，而且状态越来越不好。"

爸爸紧锁眉头，叹着气说："补了那么多课，月考竟然还退步了，说了她几句又开始哭。竟然连作业都不认真写，我既生气又着急，就算再累晚上也会看着她写作业，多晚都得写完。家里看住了，在学校不好好听课有什么用，这一次考试在年级排名里下降两百多名。"

"孩子的情绪很糟糕,好像瘦了很多,她身体怎么样?"

"肠胃不太好,饭量减了,是瘦了些,睡眠可能也不太好,否则白天精神状态也不会那么差。"

"志宏一直是很听话的孩子,学习上一直努力,目前的情况应该是身心状况都不好造成的,这一点您同意吗?"

他点了点头,没说话。

"目前看志宏的状态很不乐观,比上学期辅导前还要差,不知道她还有没有信心和力量重新调整。连续的考试失败不仅你在意,她自己也很在意,如果意志力丧失了,问题就更加严重了。这样一来,导致的后果就不是能不能考上好大学了,而是学业是否还能继续都成了问题。"

爸爸的眼神愁苦而慌乱,茫然四顾后说:"老师,这次我一定听您的,请您一定要帮帮孩子。"

"不能再逼她学习了,要先调整一下。心情不好或者身体不舒服可以请假休息。要不要来见我尊重她的意见,调整不见效果就要去医院看心理医生。如果不改变想法和做法,孩子不可能恢复健康,就更别说恢复学业。"

志宏没有再来找我,她经常缺课,偶尔见到我也会低头绕开,迅速跑远,我只能看到凌乱的马尾辫越摇越远。后来的考试她也不能参加了,家长带孩子去了医院,接受心理治疗。志宏一直没能恢复,高二转回家乡的学校,爸爸说有爷爷奶奶照顾,一边休养,一边读书,之后如何,就不得而知了。

志宏的很多模样都一直清晰地印在我的脑海:不断流淌的泪水,

脸颊上的小酒窝，明亮的眼睛，轻摇的马尾辫，坐在沙箱旁边明媚的笑容……如果可以健康长大，这个单纯而聪慧的姑娘，会有很美好的未来。

可惜的是，生活中没有如果。

6. 写在后面

只有合理的动机远远不够

在成长出现变故的孩子中，总有一些伤害无法抚平，总有一些问题难以解决，每当这个时候我的心底就会生出无力感，为成长之殇的不可逆转难过不已。

我们无法守护每一个孩子，能够守护他们的是家人而非老师。心理问题的形成和解决，关键点也都在于家庭。对待孩子的态度和方法不对，问题就无法避免，该来的迟早会来。

家庭会伤人，很多时候绝非刻意，而是因为生而为人的种种不易。父辈的生活体验必然会以不同的形式传递给孩子。记得最后一次见到志宏爸爸，他离开的时候身形萧索，愁苦苍老，我看着也心酸。如此辛苦地生活在异乡，妻子病弱，孩子自然是全部的希望。然而很多时候只有希望是远远不够的。

可怜天下父母心，极少有父母教育和管理孩子是为了让他们成长得不好。可是只有好的动机远远不够，因为动机和结果相比，结果更重要。决定结果的是过程,是教养的态度和方式。

身心能量低的孩子需要家人"特别守护"

孩子与生俱来的特质差异很大,有活泼好动、富于攻击型的,这类孩子往往爱欺负别人;有敏感脆弱、胆小怕事的,这类孩子往往容易被欺负。父母的守护不仅仅是"喂养",更有"教育"。

对于能量强的孩子,要引导和教育他们如何控制和使用,勇敢与友爱相融合才是良好的人格特点。

身体或者心理能量偏低的孩子,需要家人的保护。家长既要帮助他们解决问题、减少来自外界的伤害,还要教会孩子如何应对外界的不善和侵犯。像志宏爸爸这样的家长,不仅没有守护和帮助孩子,还给孩子造成了另一种伤害。腹背受敌的成长经历,孩子必然会出问题。

以健康为代价,无法得到长久的好

家长过于在意学习成绩,忽略健康成长和均衡发展,是一种愚蠢的教育理念,会成为孩子人生的灾难。

健康不仅仅是学习成绩好坏的重要因素,还是事业能否有成就、生活会不会幸福的决定性条件。而且越是关键的时刻,越是遇到难度大的任务,影响就越明显。

为了一个好成绩而不顾孩子的心理健康状况,无视身体负荷,即使孩子能够得到一个好的分数,也只是暂时现象。无处不在的"学习",铺天盖地的"补习",究竟会给孩子带来什么,是非常值得父母认真思考的问题。

很多小学甚至初中学习成绩好的孩子，上了高中、大学，成绩逐渐变差，甚至出现退缩、逃避、伤害自己以及他人的行为，根本原因都是家庭过于在意成绩而忽略了孩子的心灵成长。

没有"零失误"的父母，关键在于能否及时改变

父母也是一种职业，没有经过培训和实践当然会出现偏差甚至错误，但是只要发现不妥时能够及时改正和调整就是好的，就不会铸成大问题。

对孩子寄予厚望无可厚非，但是出于什么目的，想要达到何种水平，怎样真正地施以援手，都需要家长不断地思量、权衡、尝试和调整。想得不合理、做得不科学都不可怕，关键是看父母有没有成长力。

如何与父母共同成长

对于有和志宏一样经历的人，我们不能只企盼父母或身边的人自己醒悟后改变与你的相处模式，去发现他们存在的问题，或者现有的相处模式已令你十分压抑，那么我们就要求助除他们之外的一切力量，带他们一起走出现有模式的困境。共同成长，才是长久之计。

故事三
阳光的人竟然偷偷写遗书

"虚伪的空壳,虚假的面孔,真实的世界,真正的绝望,十七年了,可以完结了,无关所有,只是和自己告别。"这是一个大男孩儿曾经写下的遗书。这个孩子给人的一贯印象是坚韧开朗、积极乐观,而真实的情况是他外表阳光内心悲伤。家庭、情感和学业的重重压力,少年依然稚嫩的肩膀承载有限,且化解无方。

1. 失踪的阳光少年

急促的电话铃声,震碎深秋午间的一室宁静。

个别辅导的工作时间我一般不接听电话,但那天的电话却很执拗,一副不打通不罢休的样子,感觉好像有很紧急的事情。我征求了一下孩子的意见,去接听了电话,果然是件大事。

高二的一个男生早上来过学校后又离开了,到现在也没联系上。他的同桌刚在书桌里发现了类似"遗书"的字条,这属于危急事件,需要紧急开会讨论如何应对。

听完电话我的脑内一片轰鸣,虽然整天和有心理烦恼甚至有心理障碍的孩子相处，但听到这样的消息还是异常紧张、呼吸艰难。

出走的孩子我认识，叫纪凯，一个阳光大男孩儿，足球踢得很棒，是校队的队长，还是体育部长。他个子不算太高，身体很结实。小伙子很帅气，尤其是大而明亮的眼睛和笑容满满的脸，极有感染力，令人望而生悦。这样的孩子太有吸引力，所以周围总有小伙伴儿。听说写下遗书的是他，所有人都很惊诧，包括得知消息的家人。家长说前一天晚上他和家人闹了点儿别扭，但是事情很小，不至于如此。

同学说纪凯每天早上都很早到校晨练，书包在座位上人不在教室很正常，因此一开始大家都没在意。最近有足球联赛，上课时他没回来同学以为他在忙工作上的事情，也没觉得奇怪。连着两节课都没见到人，大家才开始找他，结果发现根本没在学校。班主任联系家长，发现他也没有回家，大家才开始着急了。

纪凯的独立性和责任心都极强，是放到哪里大人都会放心的孩子，那么究竟是什么原因让他不告而别呢，大家疑虑重重。午休的时候，同桌翻动了一下纪凯的书桌，发现了一张字条，上面赫然写着"跟自己告别"。"跟自己告别"下面有几行字："虚伪的空壳，虚假的面孔，真实的世界，真正的绝望，十七年了，可以完结了，无关其他，只是和自己告别。"这个小字条在班里炸了锅，也吓坏了所有知情的人。

纪凯的手机一直关机，电话打不通，大家就只能发信息，盼着他开机的一刻能看得到有多少人在牵挂他。同学们开始在网上寻找他的踪迹，在微博、QQ 和各种有他的群给他留言。

查找他 QQ 空间里最近更新的内容，发现有一条"说说"与以

231

往的风格不同,语意虽然不是很明确,但是能感觉到他心情很差。这条"说说"有很多关注和回复,但大多是调侃和开玩笑,只有极少数人认真问他怎么了,是不是不开心,凡是这种类型的回复纪凯都会回应,最近回应的时间是当天凌晨。

我赶紧让能进到他空间的老师和孩子们在这条内容下面跟纪凯讲话,希望他能够看到,能够想通,并回到大家身边。与此同时,学校和家长要想尽办法去寻找。

2. 幸好是"一念生"

纪凯的内心深处埋着这样的念头,班主任说没有发现任何迹象。纪凯是体育特长生,是那种只是学习成绩不够优秀的孩子,其他方面都很好。特长生中常见的个性强、自律意识不强等特点,他一点儿都没有,在同学中不但人缘好还很有威信,实在是想不到他会有轻生的念头。

班主任找来平时和纪凯来往最多的几个孩子询问,都说没发现什么端倪。虽然纪凯和好朋友相处的时候并不像在很多人面前表现出来的那么活泼好动、开心明朗,也会有很安静的时候,而且思想挺有深度,可是没听他说过有什么烦恼,反而总有人找他倾诉。

最令纪凯烦心的还是学习成绩,他是体育特长生,虽然成绩不好很正常,但是他自己不这么看,会因为学习不好而不开心,但是玩会儿球似乎就过去了。纪凯生活在重组家庭，有个同母异父的妹妹，他不太说家里的事，但是也没掩饰，看着好像没什么问题。他那样坚强乐观，有什么想不开的呢？小伙伴们都很困惑。

纪凯留下类似"遗书"的字条，离开亲人朋友，说明开朗、乐观、坚强这些特点，只是他个性特征中的一部分。他努力表现出来给大家看的是明朗健康的自己，而内心世界则完全相反。往往最需要帮助，也最可能得不到帮助的，就是这类表里极不一致的孩子。

时间在焦灼中一秒秒滑过，在黄昏来临之前，终于在大家一直关注的QQ空间的那条留言上，看到纪凯发送的一串省略号，我悬到要崩断的心暂时放了下来。

夜幕降临的时候，家长打电话过来说孩子已经回家了。我嘱咐家长别问太多问题，先让纪凯好好休息，转天是否来学校看他自己的意愿。同时我提醒班主任，纪凯来到学校后，班里尽可能保持正常的状态，关心但不要过度关注。同时要嘱咐班里的孩子们减少信息传播，别给纪凯增加新的压力。因为纪凯是不请假离校，德育主任、班主任肯定要和他谈话，但是暂时不能深究。个别心理辅导是必需的，但是要尊重他的意愿，择机而行。

安排好这一切已经很晚，忙碌了数小时，我感觉很疲惫，索性徒步回家。

华灯闪耀，与深秋才有的朗月星空呼应，世界显得静谧而美好，我不断琢磨着纪凯的情况，心中的滋味难以言表。

3. 笑容是悲伤的面具

出乎意料的是，转天早上纪凯已经出现在操场上。如果不是明显的疲惫和罕见的严肃面孔，大家都会怀疑前一天是否真的发生过那么大的事情。

妈妈打电话来说纪凯前一天回家后看着很平静，什么也没说。妈妈快要急疯了，既害怕又愤怒，可是怕刺激到孩子，所以忍住了没问太多。纪凯在家里原本话就少，只说了声对不起，以后不会再这样，就进自己房间了，早上如往常一样起床上学。

纪凯按部就班地上课，大课间继续安排足球联赛，而且还在课间主动找德育主任和班主任承认错误，还说要找心理老师谈谈。

纪凯来找我的时，刚刚结束一场球赛，他一头汗水。他笑着向我问好，但是笑容很勉强，缺少了一些以往的明亮和温度。

纪凯坐在沙发上边擦汗边环顾四周，说："老师，您这里真舒服，知道的话我早就来了。"

我静静地端详他，心里琢磨着，究竟是什么样的压力，会使一个如此生机勃勃的孩子想要放弃生命。

也许是我没有说话，或者脸上的表情没有掩饰住内心的感受，纪凯很快安静下来，笑容不见了。他抿着嘴角，眼神逐渐暗淡，无意识地搓着手指。他看看我，欲言又止，然后扭过头去望着窗外。过午的阳光照进他的眼睛，他眯了眯眼睛，一串眼泪滑了下来。

纪凯的眼泪越来越多，直到泣不成声。我看着一个片刻前脸上还有笑容的大男孩儿哭成这样,眼角不禁也有些潮湿。内心过度压抑的时候痛哭一场是很好的宣泄,估计他没有这样痛快地哭过,所以我由着他哭,只是坐在旁边静静看着,不停地递纸巾。

大概十分钟后,纪凯的哭声才逐渐变缓。他脸色有些苍白,但是眼睛和鼻子都红红的,一半是因为哭,一半是因为用力擦,好像和自己内心的什么东西在较劲一样。

"纪凯,你是不是觉得胸口有气压着?"他点头。

"你会做深呼吸吧?"他缓过神来,纪凯是运动员,很精通调整呼吸,很快,他激动的情绪就平复了很多。

我用探询的眼神看着他,纪凯露出不好意思的一丝笑容,说:"老师,我是不是哭得很难看啊?"

我摇头,说:"怎么会,能大哭一场就没有过不去的坎了。"他有点儿诧异,说:"是吗?可是从小到大,我妈都不让我哭,我也觉得哭很丢人。"

"因为男儿有泪不轻弹?"他点头。

"你知道下一句是'只是未到伤心处'吧?"他点点头。

"很多人只是关注和使用上一句,尤其是在教育男孩子的时候,其实这样并不科学,哭不仅可以宣泄消极情绪,还能排毒呢。"

闲谈中,纪凯的情绪变得更平稳了。

"纪凯,你是掩饰真实内心的能力非常强的孩子,到底掩藏了多少难过,才会有那么极端的想法,跟我说说好吗?"

4. 伤害他的都是亲人

纪凯是外刚内柔的性情，外表开朗乐观，内心敏感细腻，而长大的整个过程都不容许他表现出软弱的一面。

纪凯生在一个小城市，从记事起家里就不太平。爸爸当过兵，自己开了一家运输公司，脾气很暴躁，经常发火，尤其是喝酒后更严重，他会把纪凯当士兵训练。当时纪凯只有几岁，很害怕，但只要流泪就会挨打，因为爸爸不许他哭。

妈妈对纪凯很好，但是对爸爸的行为无能为力。纪凯挨打的时候妈妈会不顾一切地保护他，经常是母子两人同时被爸爸打。除了因为恐惧，也是为了保护妈妈，纪凯尽量按照爸爸的要求做，所以"不哭"这个能力是从小练就的。

上小学时爸爸妈妈离婚了，主要原因是爸爸有了外遇。当时纪凯还暗自庆幸，但是妈妈很难过，哭了很长时间。纪凯说那会儿自己只能用细瘦的胳膊抱住妈妈，说"妈妈别怕，我来保护你"之类的话。有一次妈妈握着他的小手说："你这么瘦，没有力量，怎么保护妈妈？"从那以后纪凯就努力吃饭和运动，因为只有变得强壮才能保护妈妈，这也是他会成为体育特长生的主要原因。

纪凯和妈妈一起生活，妈妈之前没有工作，爸爸也不按时给抚养费，所以妈妈开始打工。虽然生活清苦，但那是纪凯记忆中最开心的日子。上班之后的妈妈心情越来越好，比之前更加可爱漂亮。在纪凯快上三年级的时候妈妈再婚了，继父是那家工厂的一个工程师，

故事三
阳光的人竟然偷偷写遗书

有一个比纪凯小一岁的男孩儿。

纪凯和妈妈一起搬进继父宽敞的家里。继父很和气，弟弟看着也挺乖，他心里踏实了很多。但是毕竟不是自己熟悉的家，纪凯还是很小心，怕做错什么给妈妈惹麻烦，再导致什么家庭战争。

继父很忙，于是妈妈就辞了工作回到家中照顾两个孩子。妈妈一直对弟弟更精心一些，吃的穿的用的总是弟弟先用先挑。如果玩儿的时候有了矛盾和冲突也是只数落纪凯，从来不说弟弟。有时候继父在家看到了，就批评妈妈做得不公平，这样对孩子成长不好。从这点来看，继父还不错。

妈妈一如既往的偏心，有一次纪凯委屈地哭了，妈妈很生气，说男孩子哭什么，还用力推了纪凯一下。纪凯一直很乖，没见过妈妈那么生气，他很恐惧，也很生气，觉得妈妈不爱自己，只爱别人的孩子。于是他立刻止住眼泪，但是不再理睬妈妈。之后妈妈有些自责，找纪凯道歉，说毕竟是重组的家，难得继父条件好人也不错。为了纪凯能有个稳定的环境生活和学习，自己要尽力维护这个得来不易的家。知道妈妈是为了自己才如此，纪凯心里舒服多了，之后也尽量不和弟弟争，凡事尽量忍耐，减少冲突。

这样过了两年，妈妈生了一个妹妹。在纪凯上初二那年，全家搬迁，然后他转学过来，光适应环境就费了不少周折。新同学对他的排斥花样百出，虽然他心里很别扭，但是不能表露出来，再生气也不会和同学翻脸。后来是他的运动能力帮助了他，他进入校足球队是当时班里的大新闻。因为参加足球队，纪凯交了一堆朋友，于是班里不再有人欺负他，反而人气越来越旺，上初三后他当上了体

237

育委员。纪凯说自己并不愿意凑热闹，很多时候宁愿独自待着，但是现实环境不允许。

最让纪凯觉得丢人的是学习成绩，继父说是因为转学过来教材有差别，妈妈说主要是脑子的问题，因为同样转学的弟弟成绩非常好。提起学习他心里就特别不是滋味，好在凭借体育特长进了重点高中，才感觉稍微好了一些。但是高中的课程更难，不管自己怎么认真听、使劲儿想，很多内容对他来说还是像天书。虽然自己很努力，但高一的成绩还是可以用"烂到底"来形容，尤其是理科，所以文理分班时纪凯选了文科。

纪凯升入高二，弟弟也考进来了，而且是考进了理科重点班。为了给弟弟庆祝，父母在饭店请客。客人们大多是继父的朋友和公司的同事，他们眼里只有弟弟，时不时也会逗逗已经长得很可爱的妹妹。

"我就像空气一样，脸上笑着，心里在哭。"纪凯这样告诉我。

5. 自卑少年的情伤

纪凯进入文科班以后，以为成绩能好一些，没想到仍然很差。在新班级有一个女生，清秀纤细，安静温和，真实自然，是纪凯很喜欢的类型，而且她成绩极好。一次偶然的机会，纪凯问女孩儿数学题，她讲得特别仔细，不过纪凯反应速度太慢，觉得很尴尬。她笑着鼓励纪凯慢慢来，不要放弃，只要有问题随时可以问她，还留下了电话号码。当时纪凯特别感动，甚至感觉到了从未有过的幸福。

女孩儿经常给纪凯讲题，慢慢地同学们开始在背地里传闲话，纪凯也没理睬，因为他根本没跟她说过除了学习之外的事情。一次班会课，大家讨论心目中的"男神""女神"是什么样子，那个女孩儿说的是：有担当、坚强、聪明、足够优秀。纪凯不自觉对照，觉得"有担当"和"坚强"没问题，但是"聪明"和"足够优秀"肯定说的是学习，而自己只有体育好，怎么可能优秀，于是感到非常失落。

纪凯掩饰住复杂的心情，继续接受女孩儿的帮助，希望可以逐渐将成绩赶上来。没想到自己两次考试成绩都很差，尤其是女孩儿辅导他最多的数学。纪凯没脸再去找女孩儿问问题，而且几次碰到她探询的目光都赶紧低头，或佯装和别人说话。虽然短暂的一瞬也能发现她眼睛中的落寞，但是他就是没有再和她讲话的勇气。

女孩儿从来没问过纪凯为什么忽然变得冷落，但是看得出来她不开心，纪凯也一直没有勇气解释。她曾经在QQ上发过一个像是鼓励，其实含着疑惑和埋怨的信息，纪凯一直没有回复。出走前一天在课间操时，纪凯看到女孩儿向他走过来，他赶紧转开视线，主动和邻班的同学说笑，刚好对方是个女生。晚上回家，纪凯发现QQ中女孩儿的头像消失了。

纪凯呆呆地端着手机，心里憋得要命，眼睛开始湿润，却抑制着不让泪水滑落。房门外传来家人谈笑的声音，自己的心情降到了谷底。忽然房门被推开，吓了纪凯一跳，妹妹的小脑袋钻了进来。纪凯在家里一直比较沉默，只是和妹妹的感情很好，纪凯的房间也只有妹妹时不时进来，每次都要和哥哥闹一会儿才肯出去。

纪凯赶紧擦干眼角，没好气地让妹妹出去。妹妹没见过哥哥发脾气，呆站着不动，于是纪凯大声催促。妈妈闻声走了过来，妹妹很委屈，妈妈立刻就不高兴了，说纪凯发神经，最伤人的话是"写作业有什么了不起，如果学习成绩能像跑得那么快、像脾气这么大就行了"。继父和弟弟都走了过来，继父劝妈妈别急，弟弟则领走了妹妹，纪凯瞪着这一伙人，忽然间觉得自己特别多余。

"这么多事情一起发生，那是一种绝望的感觉吗？"我问他。

"是的，老师，我一夜没睡，打开窗户对着深秋的冷风和暗淡的天空，想了好多。"

"这么多年，你一直让人看到的是快乐的自己，内心的寂寞和悲伤无人能觉察。"

纪凯低下头，喃喃低语："这样活着究竟有什么意义……"

"那天凌晨的时候，我走出家门，在无人的街道晃悠，像游魂一样在城市穿行。因为要晨练，以往我也是很早出门，自己跑去学校，早点都是买着吃。弟弟妹妹走得晚，由妈妈照顾和接送，所以没人能觉察。"

纪凯最早进入教室，先是给自己写了一封遗书，然后在女孩儿的座位上坐了一会儿，本想写点什么，终究难提笔，觉得反正也没什么意义。于是站起来走了出去，在同学到来之前离开了校园。

6. 汲取成长能量

纪凯的声音落下时，太阳已经西斜，不觉间已经过了两个小时。

"纪凯，你心里的这些感受，妈妈知道吗？"

他摇摇头，无奈地笑了笑，说："其实我很理解妈妈，她很不容易。不仅再婚，还要照顾三个孩子，因为太忙碌所以对我有忽略也正常。"

"听你讲述的那些，感觉你妈妈对你不是很满意，是这样吗？"

他点点头说："她对我的成绩很不满意，其他方面很少关注。她认为只有读书好将来才会有地位，还老拿继父当例子，一直说来说去很烦人。"

"你弟弟学习成绩很好，也是你的压力吧。"

"我妈总拿我的成绩和弟弟比，他只是成绩比我好，别的我可都不差。"

"你继父对你还好，是吧？"

"他人挺好，很和气，对我也很客气。但感觉我俩之间总隔着什么，他永远也不会像对弟弟妹妹那样自然地对我。"

"所以你在学校很开朗，但是在家里很沉默。"

他点点头，说："在学校里还行，虽然成绩不好，但是有特长。我知道怎么做才能受欢迎，所以按照应该有的表现和同学、老师相处。我知道没人爱看一张苦瓜脸，但是我真的不像表现得那么开心。"

"你的好朋友都没发现其实你有很多心事吗？"

"我虽然朋友多，但是交心的少，偶尔心情糟糕暴露一些小情绪，他们也不信,还说'别装了',我就只能继续把笑容堆上脸。"

"我看过你的QQ空间,不久前你发的一段话能够暴露出一些真实的情绪状态,我发现有几个同学并没有当玩笑,很关心你。"

"是的老师,昨天这条状态一直置顶,好多人给我回复,很多平时一起玩儿的朋友跟我说抱歉,说没能发现我的伤心和难过。那个女孩儿也在不停地发送添加朋友的请求,还用别的同学的账号和我说话。当时我坐在河边,看着手机屏幕,心中的一些角落好像在慢慢松动。"

我给他倒杯水,休息片刻后我问他:"这十几个小时的心路历程,你无法详尽叙述,甚至会感觉难以用语言表达,这都没关系。目前我想知道你的感受是什么,自杀的念头是否还有?"

他深深吸了口气,说:"老师,我的确很难说清到底有多少想法从脑海里出现过,不过现在能确定的是不会再想自杀了。当时觉得这样很悲壮,现在只觉得太轻率,也很懦弱。"

我点点头,问:"对于你的重重烦恼,你想过要如何调整和应对吗?如果问题不梳理清楚,还是会持续影响你。"

"老师,我心里还是有些乱,不知道应该如何调整,所以想听听您的意见。"

纪凯虽然学习成绩不太好,但是理解问题、解决问题的能力很强。他需要自己去寻找产生问题的原因,重新调整对生活的态度,只有这样,消极的情绪和行为才会逐渐改变。所以我给他介绍了"理性情绪疗法",也就是著名的"ABC"理论,用以启发和帮助他。

我们在讨论中找到了三个角度:和妈妈之间的情感连接、如何

看待学习和自己、怎样建立和维护亲密关系。然后再依据这三个角度给他设定作业,每个作业都分以下步骤完成:

(1)找到自己的具体烦恼。

(2)给烦恼分级:最高是影响很大无法改变,其次是影响很大可以改变,再次是影响不大不能改变,最低是影响不大可以改变。

(3)分析烦恼原因,把它们分为可以理解与接受的和不能理解与接受的。

(4)重新给烦恼评级。

(5)从可调整的烦恼中找到评级最低的,再思考调整的具体方法。

征得纪凯的同意后,我见到了他的妈妈和继父。

妈妈自责地哭个不停:"我一直觉得孩子挺皮实的,好像什么都不在乎,一直都不知道他心里有那么多委屈,也没想到会出这么大的事,真是后怕。"

继父说:"我的责任也很大,孩子在我身边很多年,虽然我没有因为不是亲骨肉而看轻他,但是对他关心得很不够。我能感觉到孩子的心思挺重,所以我支持他参加体育运动。但是我们之间交流很少,主要我也怕管多了他会反感。现在看来,我需要改变。"

我建议家长和孩子坦诚地沟通,不要因为怕再出问题而过于小心或者过度关注。要逐渐调整家人之间相处与互动的模式,要让纪凯感觉到他一直都是家里的一员。

纪凯的作业完成得很好,他选择要调整和改变的第一件事是向喜欢的女孩儿讲明之前疏远她的原因,即使不是适合谈感情的年纪,应该也可以做很好的朋友和学习伙伴。第二件事情是和妈妈谈一谈，聊聊自己这些年的感受，听听妈妈对自己的真实看法。这两件事情做完后，纪凯的内心已经平复了很多。至于其他的任务，或早或晚，相信他都会完成。

随着冬天的来临，热闹的元旦活动、紧张的期末备考和接踵而至的假期，将遗书风波吹散在了寒冬里。操场上经常可以看到纪凯驰骋的身影，想来，他已经治愈了自己。

7. 写在后面

父母必须关注孩子的"存在感"

纪凯之所以会有自杀的念头，家庭生活中的安全感不足、存在感过低是根源。长久淤积的负面情绪被学习和情感挫折激发，不断升级，最终"引爆"。

"安全的需要"是个体最基本的心理需求，从物质环境到精神环境，从人身安全到心理安全，无论哪一个角度欠缺，孩子的成长都会受到损伤。

父母容易关注孩子的外部需求，比如衣食住行的物质保障还有人身安全，而孩子的心理需求很容易被忽略。不被家人认可，甚至是不满和忽略，即使内心强大的孩子也会出现问题。

尤其是重组多子女家庭，为了维系家庭的和谐，有的父母会更关照对方的子女，很容易造成类似纪凯这种性格特点的孩子，缺乏关爱和温暖，一旦遭遇挫折，就会出现或大或小的负面结果。

孩子的心理需要不被满足，不是变成与外界逆反和冲突的能量，就是化成否定和怀疑自己的消极情绪，积压在心中无法自行化解。纪凯是后者，不断淤积的烦恼和压抑不能及时清理和排解，迟早要出问题。

越是外刚内柔的人，越容易出现心理问题

纪凯是很重感情、责任心也很强的孩子。他在年纪很小的时候，家庭出现变故，他首先想到的是如何保护妈妈、如何维系妈妈赖以生存的环境，却忽略了自己的感受和需要。然而青春期的来临，会令孩子不由自主地渴望得到重要他人的关注，还有重要他人给予的安全感，以及成人感和自尊。

懂事的孩子很容易形成外刚内柔的特点，他们表现出来的往往都是健康的状态、阳光、乐观、积极、坚强。但是内心世界完全相反，敏感、脆弱、委屈、孤寂、独自一人的时候常常黯然神伤。这样的孩子都是以压抑的方式应对外界的伤害，而内心的负面情绪日积月累，难以疏解。当他们的内心承载的压力到极限的时候，就很容易出现严重问题。

表里不一致的孩子是很需要关注的对象，成年人，尤其是他们的父母，只要用心观察，就能发现再善于伪装的孩子也会露出蛛丝马迹。家长要了解孩子在外面的状态，比如是否爱讲话，将他们在外面的情况与在家中的表现对比，就是很有效的方法。有的孩子在外面开朗愉快，回到家后却沉默寡言，或者刚好相反。只要反差太大就极有可能是存在心理问题，就值得家长和老师关注。

家庭成员的情感连接是对孩子影响最大的因素

　　家庭结构完整与否、简单还是复杂与孩子的健康状态并无因果关系，影响孩子健康状态的关键在于家庭中心理环境的质量，即家人之间的关系是否融洽平衡。

　　相比较而言，再婚且多子女的家庭，关系最难相处。但是如果父母关系和谐，对待孩子们一视同仁，家庭环境一样会其乐融融，孩子们也能获得真正幸福的生活。

　　每每想到自伤、自残甚至自杀的孩子，我内心的感受都无法用语言描述。

　　但愿世间多些冷静的目光和炽热的心，能察觉到孩子不能言说的苦痛，从而给他们受伤的心灵注入希望和力量。

如何在重组家庭中获得幸福

　　家庭重组不等于不幸，关系虽难相处，但并不代表无计可施。如果在重组家庭中遇到有失公允的对待，首先要直白地说出自己的感受和要求，沟通无效后，再去寻求其他解决办法。所有的途径中最不可取的便是轻视自己的生命，只有好好生活，才有变好与治愈的可能。

故事四
巴掌与抑郁症

婷娜是个性格偏内向、安静乖巧的女孩儿,进入青春期后她非常厌恶成年男性。一次父母吵架,爸爸说脏话,她出言顶撞,爸爸盛怒之下打了她一巴掌,从此以后婷娜拒绝与爸爸交流,之后心理状态逐渐变糟糕,闭锁、萎靡、情绪低落,最后休学,转介到心理门诊治疗。

1. 失去应有的活力

九月,暑气仍盛,我站在窗前等待预约谈话的孩子。孩子们利用短暂的午休时间在校园里追逐嬉戏,或者散步聊天。正当青春的年纪,不惧热也不畏寒,惹人艳羡,生命力本身也许就是极致的美好,因此孩子们才是最好的风景,令人百看不厌。

有脚步声传来,很轻巧,因为周围很安静才听得到,我转身去看,一个女孩儿慢慢走进来,静静地看着我。

"你是婷娜吗?" 女孩儿停下脚步,四顾着,然后迅速点了一下头。

这个孩子是班主任老师代为预约的谈话时间,她刚升入高二,离开了原来的班级，进入新建的文科班。原班主任说这个孩子过于自闭，状态不好，对什么都不感兴趣，而且越来越不爱理人，原班主任怕她很难适应新集体，于是建议做个心理辅导。

我一边请她进入辅导室，一边留心观察。齐耳短发，脸色很苍白，眼神有些慌乱。她的着装有些奇怪，这么热的天竟然穿着秋季的运动服，倒是没见出汗，也许因为身体瘦弱。

刚坐定，婷娜就问："老师，会不会有其他人进来？"原来她刚才四处张望，是在确认有没有其他人在。

"午间是个别辅导的时段，没有人在，也不会有人打扰。"

她安心了一些，坐姿依旧显得紧张，看来需要闲聊几句，放松一下。

"婷娜，今天的气温有三十几度呢，穿长衣长裤会不会热？"

她摇头，说："舒服。"

"哦，看来你的耐热性比较好。"我开了个小小的玩笑，她脸上的表情没有变化。

"婷娜，你来见我，班主任是怎么跟你说的啊？"

"她说我去文科班，可能会不适应，所以要见一下心理老师。"

班主任找了一个合适的理由。接受个别辅导的孩子，自己主动来最好，如果是老师或者家长让来的，本人也要同意才行，哄骗和强制很可能会起反作用。

"进入新班级后不适应的状况很常见，事先找老师谈谈没坏处，你愿意和我谈谈吗？"

她有点儿心不在焉，见我看着她，沉吟了一下，轻声说："既然来了就谈一谈吧。"

"开学一周了,你对新班级和新老师有什么感受?"

她想了想,摇摇头,说:"待在哪里都一样。"依然是词语精简、语调平缓、面无表情。

"新班里有熟悉的同学吗?"

她陷入沉思,这么简单的问题,好像很费力才能确定。过了一会儿,她终于慢吞吞地说:"有几个,有初中同学,也有高一的。"

"你觉得新同学怎么样?"

"没感觉,反正都不怎么来往,没啥差别。"

"老师是不是都换了啊?"

她点头,说:"都换了,挺好。"

"哦,你能告诉我,为什么说都换了挺好吗?"

她皱了皱眉头,说:"没有男老师了。"她排斥男性的老师,这是一个重要信息。

"婷娜,那你选择文科班与老师有关吗?"

"有点儿关系。我理科成绩太差,家长和老师都让选文科。"她皱皱眉,身体陷入沙发里,眼睛看向窗外,低声说,"其实无所谓。"

婷娜一直很平静地回答问题,但是散发出来的气息很消极,尤其是那一句"其实无所谓",让低落和不耐瞬间显现。

"婷娜,班主任让你来见我,除了担心你不适应新集体,还因为感觉你似乎一直不开心。学习成绩好坏先放在一边,心太重太累才令人担忧,她想帮助你,但是做不到,所以让你来找我。"

她听到这里,稍稍有些动容,叹口气说:"其实没必要为我担心。"

"婷娜,老师感觉你一直不开心,是这样的吗?"

她的身体一直保持着陷落在沙发里的姿势不动,只是轻轻点点头。

"你愿意跟我讲讲是从什么时候开始觉察到自己不开心的吗?"

我接连问了一些问题,婷娜的过往逐渐展开。

大概从初二开始,她的情绪越来越糟糕,不愿意和别人来往,只和固定的几个同学偶尔说句话。那时候她觉得学习最重要,所以自己待着的时候都在看书做题,成绩也不错。

考上重点高中之后,她慢慢觉得学习也不重要了,因为考上好大学跟考上好高中差不多,没啥意思。高中理科很难,再加上不认真学,成绩当然差,而文科的基础稍好一些,所以文科成绩没有太糟糕。其实婷娜并不是不适合学理科,而是她什么也不想学。

以前空闲的时候会看看视频、小说什么的,现在什么也不看,手机都不用。她自己也觉得奇怪,明明什么都不干,每天却很累。也会时不时觉得活着没什么意义,但是没想过自杀。她晚上睡得不太好,躺在床上很久也睡不着,白天总是觉得困。而且胃口变得很差,吃得特别少,身体越来越瘦。

"开学前,校门口遇到以前有些来往的初中同学,看到我都快认不出了,问我是不是在减肥。"说到这里,她的嘴角扯动,闪过自嘲的神情。

"之前你说选择文科班和老师也有一些关系,你为什么不喜欢男老师呢?"

她沉吟了一下,说:"不仅是男老师,所有成年男性我都不喜欢。"

"哦？因为什么呢？"

"我总觉得他们让人害怕，所以我能躲就躲。"

"那家里人呢？比如说见到爸爸呢？"

她没回答，但是脸色忽然变化，有厌恶也有愤怒，虽然只是短暂出现却非常强烈，答案一目了然。

"我感觉你和爸爸之间的关系不是很好，不知道是不是这样？"

她低下头，纤细的手指捏着衣角，过了一会儿，说："也没什么，我不仅是不爱搭理他，所有人我都不想搭理，看着就烦，我不想再说了。"婷娜的语气中先是厌恶、不耐烦，然后双肩垮落，感觉她很疲惫。

"婷娜，说了这么久的话，你是不是累了？"

她点点头："好久没说这么多话了，感觉很累。"

"你的身心状态都不太好，家长知道吗？"

"我知道自己不正常，很难受，跟我妈说，她就带我去看肠胃科，让我调理肠胃。我说要去看心理科，她说不用，我就是身体太弱。"

"如果我找你妈妈谈谈，建议她带你去看心理医生，可以吗？"

她点点头，然后起身和我告别，离开的背影瘦弱得像一片叶子，没有一点儿青春的朝气。

2. 厌恶成年男性的原因

面向学生的心理辅导不会做诊断，更不会涉及心理治疗，一旦发现问题严重的孩子就需要转介给心理医生。婷娜有典型的抑郁症状，对成年男性的恐惧和躲避也需要进一步分析原因，家长不愿意带孩子看心理医生，就需要约见交流。

第二天下午，婷娜的妈妈来到心理中心。我开门见山地说明请她来的原因，妈妈的眼圈开始泛红。

"老师，孩子的病是不是很严重？"

"这需要见一下心理医生诊断一下才知道呢，孩子说您不想带她去心理科。"

妈妈低头擦了擦眼角，说："啊，她说过，可是我觉得孩子主要还是身体太差了。"

"您没有考虑孩子的身体问题可能和心理问题有关？"

"也有亲戚朋友说她心理不正常，可我一直不想承认。"妈妈的声音低沉而哽咽。

和婷娜的妈妈长谈半日，我了解到婷娜成长过程中的很多细节。

婷娜是个内向的孩子，从小话就少。问点儿什么事，教点儿诗词什么的都不爱开口，因此经常被脾气急躁的爸爸训斥。可是越说她越不开口，宁肯被罚站，连哭都不出声。而且孩子气性大，爱记仇，被爸爸说一次会记很久，小不点就知道不理人，常常搞得爸爸很恼火。孩子这个倔强劲儿很像爸爸，父女俩总是"顶牛"。其实爸爸一直很疼女儿，就是严厉了一些，每次看着小小的女孩儿那么决绝，他总是哭笑不得。

婷娜虽然脾气大，但是挺懂事，嘴上不爱说心里却很有数，这个特点越大越明显。她学什么都很快，特别有眼力见儿，很多事大

故事四
巴掌与抑郁症

人还没说她就做好了,为此常常被老师和亲戚们夸奖。一直到小学五年级,一切都挺顺利。没想到五年级下学期,婷娜特别喜欢的女班主任生病了,换成了一个男老师。她不喜欢新班主任,本来话少的孩子,那段时间却经常说起对老师的不满。

男班主任比较严厉,一天婷娜负责的卫生小组被检查组扣分,班主任点名批评,还罚做一周的卫生。婷娜自尊心特别强,听不得重话,更别说是站在全班同学面前挨批评。从那以后她就不理班主任,连上课提问也不回答。老师找家长,家长回家后再和她谈话,她只答应好好听课。爸爸生气了,说不理老师是没有家教,是不懂得尊敬老师,光学习好有什么用,结果婷娜一个多月没理爸爸。妈妈很无奈,孩子这个倔脾气,很难说通。

升入六年级后,孩子更加沉默,也不爱参加集体活动,老师建议家长抓紧引导,因为这样的性格很难适应初中生活。可是她不仅不爱讲话,脾气也很大,多说几句就烦,还总是躲着爸爸。妈妈说孩子身体发育得很快,进入青春期的女孩子别扭点儿也正常,好在学习成绩一直很优异,所以只能迁就她,希望长大一些会好。

升入初中后,果然因为太内向,婷娜在班里几乎没有朋友,班主任为此找过家长。不过她学习依然挺好的。

初二的时候,发生了一件大事。起因是夫妻俩一直闹矛盾,每次起争执婷娜都特别烦,如果是在饭桌上,她就干脆不吃饭,回到自己房间不出来。一次两人争吵得太厉害,爸爸恼怒下骂了脏话,妈妈气得流眼泪,婷娜忽然冲出来推翻餐桌上的水具,大声训斥妈妈哭得烦人,指责爸爸只会说别人没家教,他骂人才是没家教。

爸爸原本就在气头上，被女儿斥责一通后彻底失去理智，一巴掌打过去，婷娜站立不稳摔倒在地上。这是孩子从小到大第一次挨打，当时家里一片寂静，三个人都呆住了，还是婷娜第一个动，她站起来，什么也没说，也没哭，嘴角有血丝渗出来。妈妈赶紧冲过去要看伤到哪了，婷娜推开妈妈，脸上没有一点儿表情，眼神直直的，然后转身回到房间，锁上了房门。

回过神来的爸爸非常后悔，不知道怎么办才好，妈妈哭着责备爸爸太狠了，如果孩子出了什么问题就离婚。夫妻俩在女儿门前急得团团转，妈妈叫婷娜出来处理伤口，婷娜根本不搭理，敲门更是不开，后来爸爸在门外道歉，她也没有任何反应。父母急了，说再不开就撬门了，这时候听到女儿冷冷的声音，说父母再多说一句话，自己就从窗户跳出去。父母闻言立刻不敢再发出任何声音，女儿说话的语气那么决绝，好像言出必行一样。

那一晚妈妈一直待在女儿房门口，爸爸一直站在楼下女儿房间的窗户下，盯着亮到天明的灯光整夜守候。第二天一早婷娜依旧背着书包上学，只是没有吃早点，妈妈说给她带上她也不理睬。怕孩子中途有什么变化，爸爸悄悄跟着，直到看着她进入校园。从那天直到现在，快三年了，女儿没跟爸爸说过一句话。

早先爸爸经常主动找女儿搭话，为讨好她还经常给她买礼物，但是婷娜没有任何反应，礼物也都扔进了垃圾桶。看着爸爸一直被拒绝很可怜，有一次妈妈说了女儿几句，结果婷娜连妈妈也不怎么理睬了，除了必须要说的话，回家后她基本都是自己待着。中间也有家人来劝说，大概都是希望婷娜能够原谅父母，哪个孩子没挨过打呢，结果所有劝说的人不但无功而返，婷娜还拒绝参加任何家庭聚会。以前见面至少还能点个头问声好的长辈，婷娜全都躲开不见，即使见到对他们也很冷漠。很多亲戚说孩子有问题，妈妈一直认为孩子是挨打后伤了心，想通了就好了。

这样的日子过了一年多。中考后孩子上了重点高中，父母算是稍有慰藉。上高中之后女儿日渐消瘦，饭量越来越小，学习精力达不到，成绩也越来越差。高一上学期期末，成绩已经从之前的中等降到倒数。班主任说孩子的身心健康是个大问题，让家长必须关注。假期里妈妈带婷娜去看了中医，医生建议看一下精神科，妈妈不太高兴，觉得就算有问题也不是精神病吧，索性就换了家医院。

听到这里，婷娜对成年男性的厌恶情绪和躲避行为，就很好理解了。

3. 错过最佳修复期的代价

妈妈叙述得越是详尽，越是能够表达出对女儿非同一般的爱和关注。遗憾的是多年以来，妈妈爱的方式和关注的重点都有偏差，孩子内心伤痛的关键修复期被一再错过。

我对妈妈说："孩子目前的状态不容乐观，虽然学校不做诊断，但是通过班主任的介绍、我与孩子的谈话以及从您这里得到的信息，基本可以肯定婷娜存在障碍性的心理问题，最好及早去见心理医生。"

孩子对成年男性的恐惧也是一个必须关注的问题，青春期初期的女孩儿，会经历异性排斥期，讨厌甚至恐惧成年男性是比较常见的现象，正常情况下过一段时间会自行消减。像婷娜这样青春期心理发育较早，五年级就开始讨厌男班主任，不仅仅是因为被老师批评，还与排斥异性有关。当时家长没有给孩子充分表达的机会，还被爸爸批评没有家教，致使这种恐惧被不断强化。

爸爸也是成年男性，本来婷娜就和爸爸疏远，青春期时排斥反应会更加强烈，加之初二时爸爸打她那一巴掌，让她彻底将厌恶和恐惧固着在一起。目前孩子到底对异性是什么感受，内心是否还存在其他隐忧，需要进一步理清。

"为了孩子的健康着想，我建议您尽快带婷娜去看心理门诊，青春期的心理障碍，介入和干预得及时才有恢复的可能，否则别说高考，孩子一生的平静生活都没有保障，更别奢望有幸福可言。目前来看，孩子已经被耽搁了很久，必须抓紧时间。"谈话快结束时，我对妈妈说。

妈妈的眼神中充满无助，眼泪扑簌簌地掉落。我递过去纸巾盒，问了最后一个问题："爸爸怎么没有一起来，他如何看待孩子的状况？"

妈妈整理了一下自己的情绪，说："自从孩子不理爸爸，他就很痛苦，也一直很自责，反正孩子也不理睬他，索性就把什么都交给妈妈管。半年前爸爸申请了外派工作，目前在外地，每个月回来一次。"

"您要将孩子的问题告诉爸爸，去心理门诊也好，接受相应的治疗也好，爸爸最好都能参加，也许这是缓和父女关系最后的机会了。"

故事四
巴掌与抑郁症

婷娜虽然嘴上不说，但是心里一直很难过，她脆弱又孤独。虽然和父母疏离，但是父母依然是她唯一的依靠。自闭是情绪障碍的症状，亲子关系不良是重要的病因，婷娜的问题最好辅助家庭治疗，对她的恢复会大有帮助。如果爸爸在这个环节还缺席，那么父女关系的修复也许就再无可能。

很快，传来婷娜休学的消息，妈妈来学校办手续的时候，特意感谢老师的建议。心理医生对婷娜的诊断是比较严重的抑郁症，还有轻度妄想，必须治疗和调养。然后再配合家庭治疗，康复的可能性很大。

经过一年的治疗和休养，婷娜回来复学。她长胖了一些，看起来气色不错，也漂亮了很多。她仍然需要服药，而且隔段时间就要去见一次主治医生，偶尔不舒服了还需要短期休息。婷娜时不时会来找我聊聊天，她说和周围人的关系缓和、融洽了很多，但和爸爸还是亲近不起来，但是可以交流了。

为了照顾婷娜，爸爸又申请把工作调了回来。这样坚持到高中毕业，婷娜考了一所本市的二本院校，人生的车轮可以继续向前，算是不错的结局。

4. 写在后面

每个孩子都不同

不同的孩子生长在不同的家庭，长成的状态岂止千差万别。然而再变化无常，也有规律可循，也能区分出类别。就家庭教育而言，可以分为健康的与不健康的，有益于和有碍于孩子成长的，为孩子提供助力和设置阻力的，明智的和愚昧的，等等。

对孩子的引导要因人而异，具体情况具体分析，审时度势，实事求是。这些说起来容易，做起来真的很难，需要父母具有一定的智慧。

像婷娜这样的孩子，有与生俱来的不均衡特质，比如外表的随顺与内心的固执，看着内敛沉默，其实内心活动丰富而强烈。婷娜突出的弱点是自尊心太强了，性格执拗，消极记忆能力也超强，幼年时期这些特点已经很鲜明。对于这样的孩子，干预的方法宜疏不宜堵。

父母教养态度不一致，是导致婷娜出现障碍性问题的又一重要原因。妈妈一直采用溺爱、退让的方式，爸爸早期是专制、严苛的教养方式，孩子出现问题后又变成放任和退出。无论怎样的组合，不一致的教养态度对孩子的成长来说都是硬伤。

关注具有"易感特质"的孩子

心理障碍的"易感人群"，多指个性结构发展不均衡的个体，比如神经系统的敏感度或者兴奋度高，但是能量偏低；过于内向或者过于外向；自信心过低或者过强；等等。总之个性特质的每一个评估角度的两极，都是容易引发相应障碍性问题的遗传因素之一。

外部环境对于个体能否健康长大也至关重要，尤其是家庭环境，对儿童和青少年的影响是最为强大的。家庭环境既包括物理环境又包括心理环境，后者比前者要重要很多。

缺乏对孩子成长规律和年龄特征的了解也是在家长和老师普遍存在的问题。比如青春期性心理发展的阶段性特点、每一个阶段孩子的心理需要、可能出现的问题，以及需要提供的知识、观念和方法指导，等等，对于很多成年人而言都是空白的。

中国家庭的性教育和死亡教育一直都很欠缺，家长们总是期待学校教育要不断加强，其实家庭教育才是最为重要的阵地。

暴力带来的后果远不止当下的疼痛

孩子出现障碍性心理问题还有一个重要的诱因，就是突发的伤害性事件，也叫促发因素。婷娜爸爸那一巴掌，是最终导致孩子抑郁和妄想的导火索。

以暴力的方式教育子女原本就是错误的，会对孩子的心灵成长造成累累创伤。即使不出现心理障碍，也会影响其人格结构的完整与均衡。

青春期的孩子自尊意识空前高涨，侮辱性的语言和身体惩罚很容易导致相反的教育效果。尤其是当家长的简单粗暴与之前童年时期的耐心呵护反差显著时，消极作用会更大。

因为父女间的性格差异和父亲严苛的教养方式，婷娜与爸爸的关系一直不融洽，但是谩骂和巴掌的冲击力还是过大。以婷娜的个性,"巴掌事件"足以令她彻底关上面对父亲的心门。矛盾发生之后,妈妈以及其他家人的介入均没有从婷娜的角度考虑问题,他们只是一味地给孩子讲道理、提要求,这样做不但不能缓解矛盾,反而使婷娜能与家人交流的范围越来越小。

解决成长问题需要抓住"关键期"

婷娜是不幸的。如果家人和老师在每一个关键的节点,都能给她适当的引导、帮助和支持,她就不会出现心理障碍。以她的聪明程度,会考上极好的大学,也会有更加丰富而美好的人生。

婷娜也是幸运的。因为青春期的障碍性心理问题治疗起来难度很大,能够调整过来也是一种幸运,即便难以完全治愈,她和家人的生活也没有变得更糟。

青春期毋庸置疑是人生的黄金时期,少年时期的耽搁,成年之后可能要以数十倍的努力抵偿。

为人父母或者师长,在面对每一个新鲜稚嫩的生命时,都要时刻提醒自己责任重大,切不可罔顾,要谨慎思考和抉择,并相伴而行。

如果自己是"易感特质"的人该怎么办

拥有"易感特质"并不是自己的错,无需产生愧疚感,也无需沮丧。我们要做的是如何帮助自己成功"脱敏"。无论是自我调节,还是向身边的人表明自身现状以求改变,总之,我们不能放任自己在敏感中一直沦陷。要拥有坚硬的铠甲,才能保证自己不会因为过于敏感而反复受伤。

后　记

每一个讨好型人格的心里，都有一个过分压抑自己的小孩。每一种成年后的反叛与茫然，都源自未成年时期的过分顺从。

自卑、消极、渴望关注、渴望被倾听、妒忌、依赖、逆反……所有这些看似负面的情绪与性格，都不是什么大逆不道的事，它们是一个人应对这个世界的正常反应，关键在于，我们在产生这些负面情绪的时候，能不能获得一个完整宣泄的出口和合理的引导。

一个人在成长的过程中，如果没有得到正确的指引，那么长期被压抑的情绪就会让自己在否定自我与讨好他人中不断拉扯，最终失去自我。除了清楚地知道自己已经产生的讨好、顺从、羞于表达、无法拒绝等习惯外，还要一点一点地改掉这种习惯。不害怕被否定，敢于为了自己真正的想法而被他人讨厌，敢于打破他人设置的框架，敢于冒犯令我们痛苦的规则……我们应该明白，讨好别人换不来幸福，但讨好自己可以。